真正重要的 不是分数
而是你有没有 时代需要的能力

和爸妈一起学创业

涂子沛 郦光伟 | 著
任山葳 | 绘

中信出版集团 | 北京

图书在版编目（CIP）数据

和爸妈一起学创业 / 涂子沛，郦光伟著；任山葳绘
. -- 北京：中信出版社，2021.6
ISBN 978-7-5217-2777-7

I. ① 和… II. ① 涂… ② 郦… ③ 任… Ⅲ. ①创业—青少年读物 Ⅳ. ① F241.4-49

中国版本图书馆 CIP 数据核字（2021）第 028264 号

和爸妈一起学创业

著 者：涂子沛 郦光伟
绘 者：任山葳
出版发行：中信出版集团股份有限公司
（北京市朝阳区惠新东街甲 4 号富盛大厦 2 座 邮编 100029）
承 印 者：三河市中晟雅豪印务有限公司

开 本：787mm × 1092mm 1/16 印 张：12.25 字 数：57 千字
版 次：2021 年 6 月第 1 版 印 次：2021 年 6 月第 1 次印刷
书 号：ISBN 978-7-5217-2777-7
定 价：68.00 元

序　言

今年 4 月的一天中午，我收到涂子沛先生的一个电话，他高兴地告诉我，他给孩子们写的第一套童书《给孩子讲人工智能》入选了第 16 届文津奖推荐图书。我知道文津奖是国家图书馆主办并联合全国图书馆界共同参与的大奖，代表了我国每年出版的公益性图书的最高水平，真是百里挑一，能评上这个奖很不容易。透过手机，我分享了他的兴奋和快乐，对他笔耕不倦为新兴信息技术布道并得到大众认可表示祝贺。

涂先生近年出版了很多佳作，已经三次入选文津奖。他领衔的这两本新书，《和爸妈一起学创新》和《和爸妈一起学创业》，有针对性地呼应了新时代的教育需求，为家长和孩子带来了耳目一新的精神食粮。

对一个国家而言，创新是引领发展的第一动力。今后二三十年内，中国能不能成为科技和经济强国，很大程度上取决于广大民众的创新能力。对一个人而言，创新是一种人格特征。是否具有较强的创新能力，是选拔一流人才的重要标准之一。今天的科学研究也告诉我们，创新能力不完全是天生的，可以后天培养。

通俗地讲，所谓创新精神就是质疑批判的精神、探索求真的精神、开拓践行的精神、持续超越的精神。擅长创新思维的人往往不满足于现状，不因循守旧，不循规蹈矩，不固步自封，不怕冒险，不怕挑战，有强烈的好奇心、旺盛的求知欲、丰富的想象力和广泛的兴趣。这些品质正是基础教育应关注的重点，可惜目前的学校把人的大脑当成一个要填满的容器，主要关心书本知识的灌注，很少关注创新素质和能力的培养。其实，人的大脑是一支需要点燃的火把，教育的一个重要作用就是点燃孩子们头脑中的创新思维。

“技术创新”原本是一个经济学的概念，美籍奥地利经济学家约瑟夫·熊彼特首次提出时给出的定义是：“创新是发明的第一次商业化应用。”现在，创新的概念大大扩展了，已延伸到基础研究的“知识创新”和“管理创新”等各个领域。但创新的核心还是把新思想推向市场，因此“创新”和“创业”有密切关系，这也是作者要同时出版这两本书的动机。这两本书并不是泛泛而谈，而是在严谨的理论指导下，层层深入，引导孩子逐步树立创新创业的意识。未来创业的人可能是少数，但创业的精神许多岗位都需要。我们的社会需要很多专注细分市场的小而美的公司，不能用是否上市来衡量创业是否成功。

关于技术创新的大部头著作不少，但把创新创业的大道理给孩子们讲明白很不容易。这两本新书的两位作者都是前沿科技和创新创业研究的专家，有着丰富的专业知识、开阔的格局、前瞻的视角与深刻的洞见。更为难得的是，他们本身也是父亲，因此在他们笔下，这些本来是讲给成年人的创新创业理论，都变得富有童趣，通俗易懂。各种小故事穿插其中，再加上生动形象的比喻，就像是一位耐心又博学的父亲，面对孩子娓娓道来，让人读起来兴味十足，收获良多。

父母的灯下小语可以决定世界未来发展的方向。父母是孩子的第一任老师，任何说教都抵不上父母的言传身教。这两本书既是送给孩子的，也是送给家长的，希望家长首先转换思维，摆脱不必要的教育焦虑，保护好孩子的好奇心和创造力，鼓励他们天马行空去想象，自由地发展个性和潜力，理解孩子，支持孩子，和孩子一起共同学习，终身成长。

中国工程院院士

中国计算机学会名誉理事长

2021 年 5 月

目录

第3章
学会记账

第4章
怎样领导一群人？

第5章
创业需要不怕失败

第6章
课堂里学不到但又很有用的创业方法论

第7章
迎接未来，从今天做起

我的火箭
炸了！
哈哈哈！
马斯克

为什么要创办企业？

\ 1 / 成功的企业家和了不起的发明家

【人物】	埃隆·马斯克
【出生日期】	1971 年 6 月 28 日
【成就】	企业家、工程师、慈善家。2021 年 4 月，马斯克以 1510 亿美元的财富位列《2021 福布斯全球富豪榜》第 2 名。

2020 年 1 月 19 日，美国东部时间上午 10 时 29 分，搭载飞龙号（Crew Dragon）太空船的猎鹰 9 号（Falcon 9）火箭正静静地矗立在发射架上，等待指挥员的发射指令。

这是位于佛罗里达州卡纳维拉尔角的肯尼迪航天中心。

“10、9、8、7、6、5、4、3、2、1，发射！”伴随着巨大的轰鸣声，猎鹰 9 号喷射出橘红色的火焰，在滚滚白烟中拔地而起，推着飞龙号直奔苍穹。

1 分 14 秒后，飞行中的火箭突然炸成了一个火球，巨大的爆炸声从空中传来……只见飞龙号在 8 台 SuperDraco 发动机的推动下，从爆炸产生的火球中飞身而出。2 分 23 秒后，飞龙号呈自由落体状向大西洋坠落。4 分 44 秒后，6 个降落伞先后打开，飞龙号缓缓降落在大西洋中。

在之后的新闻发布会上，设计和生产飞龙号和猎鹰 9 号的太空探索公司（SpaceX）的创始人兼 CEO 埃隆·马斯克兴奋得手舞足蹈，脸上笑出了一朵花。

读到这儿，你可能要问了："这马斯克没什么毛病吧？火箭造价不菲，这么贵的火箭爆炸了却还大笑，不会是受刺激了吧 ?! "你说的一点没错，猎鹰 9 号火箭的确造价不菲，价值 6200 万美元，差不多 4 亿元人民币，4 亿元人民币大概能买 2000 辆很不错的汽车，但马斯克的笑却不是受刺激后的傻笑。

原来这是马斯克精心设计的一次太空船逃逸实验。实验非常成功。这意味着马斯克领导的太空探索公司终于拿到了美国国家宇航局颁发的太空飞行"营业执照"，可以载人前往国际空间站了。在人类的历史上，太空探索公司是第一个拿到"太空飞行执照"的私营公司。这是一个闪闪发光的里程碑。在这之前，全世界所有太空载人飞行都是由国家牵头、举全国之力搞的，而且到目前为止也只有中国、美国和俄罗斯三个国家能够把宇航员送上天。一家成立不到 18 年、只有 7000 名员工的公司能做到大国政府才能做到的事情，不得不说是个奇迹。

奇迹的创造者，就是长着一张娃娃脸，被大家称为硅谷"钢铁侠"

的马斯克。电影里的“钢铁侠”是个成功的企业家，也是一个了不起的发明家；现实中的马斯克也同样是个成功的企业家和了不起的发明家。顺便告诉你一个小秘密：电影里的“钢铁侠”和现实中的“钢铁侠”还在电影里见过面。电影《钢铁侠 2》里有马斯克和托尼 · 史塔克（钢铁侠的原身）在一起的镜头。

\ 2 / 马斯克的三个梦想

马斯克从小就展现了不一般的学习能力。10 岁那年，自学了编程。12 岁时他编了个名为 Blastar 的太空小游戏，卖了 500 美元。1981 年，95 美分就可以买 12 个鸡蛋，500 美元对一个孩子来说绝对是一笔巨款了。17 岁那年，马斯克离开南非，带了他妈妈给他的 2000 美元，只身来到加拿大求学。

1992 年，马斯克进入加拿大皇后大学，因为美国一直是他的心仪之地，两年之后他转到美国宾夕法尼亚大学学习商业和物理。宾夕法尼亚大学是世界顶级大学，它的沃顿商学院在全世界名列前茅。马斯克顺利从沃顿商学院毕业，获得经济学学士学位后又留校一年，获得物理学学士学位。

紧接着，马斯克被著名的斯坦福大学录取，开始攻读应用物理与材料科学博士学位。斯坦福大学也是全球公认的顶级名校，能被斯坦福录取是很多人做梦都会笑出声的大喜事。可是，马斯克对此却不以为然，仅仅读了两天，他就中止了学业，因为他觉得这个世界还有比读博士更重要的事情需要他去做。好奇的你可能又要问了，什么事情如此重要，需要马斯克这么迫不及待地去做呢？

答案是**创业**。

年轻的马斯克认为，人类有三项事业迫切需要他去开拓：互联网、可再生能源和太空探索。你看这个马斯克是不是有点“钢铁侠”的味道，满脑子想着当超级英雄、改变人类命运。但马斯克跟电影里的“钢铁侠”还是有点不同。电影里的“钢铁侠”从爸爸那里继承了亿万家财和一个商业帝国，马斯克却没有那么幸运，**那时的他除了有梦想、一个聪明的脑袋和吃苦耐劳不怕失败的精神外，基本上什么也没有。但对马斯克这样的人来说，拥有这些就足够了，钱从来不是阻挡他前进的障碍。**

你知道吗

作为一个小男孩，埃隆性格中最引人注目的部分，是他对读书如饥似渴。从很小的时候开始，他似乎就书不离手。“他每天读书 10 个小时是家常便饭，”金巴尔说，“如果是周末，他可以一天读完两本书。”全家人去购物的时候，经常发现埃隆中途不见了，梅耶和金巴尔就跑到最近的书店去找，总能看见埃隆坐在地板上全神贯注地看书。

随着年龄的增长，埃隆会在下午 2 点放学以后自己跑到书店去，一直待到下午 6 点父母下班回家。“有一次，我把学校以及邻近图书馆的书都看完了，”马斯克说，“大概是在三年级或四年级的时候，我试图劝说图书馆员帮我订更多的书。之后，我就开始阅读《大英百科全书》，这让我受益匪浅，我发现自己不知道的东西太多了，而所有的一切都在书里。”

这个男孩有着过目不忘的记忆力，而百科全书把他变成了一个活词典。他总是表现出无所不知的样子。比如在饭桌上，托斯卡很想知道地球到月球的距离，而埃隆可以脱口而出最近地点和最远地点的精确数字。“如果我们有什么问题，托斯卡总是说‘问那个天才少年’，不管我们问他什么，他都记得。”

——摘自《硅谷钢铁侠：埃隆·马斯克的冒险人生》

\ 3 / 去梦想，去实现

从斯坦福大学退学以后，马斯克和弟弟金巴尔一起开发了一个软件，并在 1999 年以 3 亿多美元的价格卖给了当时的电脑巨头康柏公司。软件卖掉后，他和其他几个人又成立了一个网上银行，取名 X.com。这个公司后来发展成著名的贝宝公司（PayPal）。中国人可能不知道贝宝公司，但在国外这是个家喻户晓的公司。它是世界上第一个网上支付公司。在国外，网上购物最方便的支付办法就是用贝宝。所以在国外，贝宝就相当于我们中国的支付宝、微信支付。

2002 年，马斯克和其他的创始人以 15 亿美元的价格将贝宝卖给了当时全球最大的网上商店易贝（eBay）。此时，在互联网这个领域，马斯克已用贝宝改变了人类的生活方式，同时成了一个大富翁。

前面说了，马斯克梦想在三个领域改变人类发展方向：**互联网、太空探索和可再生能源**。卖掉贝宝后，马斯克立马着手去实现他的第二个梦想。

可能是科幻电影或者小说看多了，马斯克在很小的时候就有一个疯狂的梦想，他想把人类送到火星上去，把火星建设成地球人新的栖居生活之地。对很多人来说，随着一点点长大，小时候的梦想要么忘记了，要么在大人们“傻孩子，这个想法也太不切实际了”这样的提醒下，慢慢打消了念头。但是马斯克是一个梦想家，不太会在意别人的看法，同时他又是一个勇于把梦想付诸实施的行动派。既然想把人类送到火星上去，就需要发明合适的交通工具，他当即决定先造个火箭试试。是的，你没看错，马斯克在卖掉贝宝后做的第一件事是造火箭。

消息一出，大家议论纷纷，觉得马斯克疯了，造火箭成本巨大，而顾客只有一个：政府。谁没事儿会去买个火箭放啊？又不是烟花爆竹。再说了，即便是有人想买，也不一定出得起这个价啊。一艘火箭，随随便便就得上亿，买不起啊。没人买，公司怎么生存呢？

但马斯克可不是一时兴起，别忘了他可是沃顿商学院毕业的高材生，又是个能考进斯坦福大学物理系的学霸，既精明又严谨。他计算了生产火箭的原材料价格，发现这些原材料的成本仅占当时火箭售价的 3%。马斯克相信通过严格而先进的商业管理，他可以把火箭发射的价格降到十分之一后还能非常赚钱。质量好价格又便宜的东西谁不喜欢呀？火箭也一样！他认为只要做到物美价廉，一定会有美国国家宇航局、国防部这样需要火箭的国家机构找他买火箭！

说干就干！ 2002 年 5 月，马斯克成立太空探索公司，开始他在第二个领域——太空探索——的尝试。马斯克将太空探索公司的目标定位为：

降低太空运输成本并进行火星移民。朝着这一目标，太空探索公司进行了一系列的太空发射实验。这才有了开头的一幕。也许多年以后，我们人类会坐着太空探索公司的宇宙飞船，穿越茫茫的太阳系，成为火星的新移民呢。

接下来，我们再来讲讲马斯克在第三个领域——可再生能源的创业。2004 年，马斯克投资了一个公司并成为这个公司最大的股东及董事长，这家公司的名字叫特斯拉（Tesla）。对，就是生产那个车门会向上飞起来、很酷炫的电动汽车的特斯拉。2006 年马斯克又成立了太阳能公司（SolarCity），专门从事太阳能发电，并一下子做到了全美国最大。2016 年，马斯克把太阳能公司和特斯拉合并了，从 2016 年到 2020 年，特斯拉的股票价值上涨了十多倍。

马斯克想到就说，说过就做，在互联网、可再生能源和太空探索三个领域全部做出了非凡的成就，但马斯克并没有停下探索的脚步。他的特点就是**异想天开，敢想敢做，一路向前。**

2016 年 12 月，马斯克遭遇了一次大堵车。跟大家一样，他很不爽，大发了一通牢骚："堵车快把我逼疯了！"这要是换成一般人，故事到这里就结束了。牢骚发完了，该干吗干吗去。但马斯克是个行动派，他立马宣布："我要挖隧道。"不到一个小时，马斯克在网上宣布成立 Boring 公司，公司目标：解决交通拥堵问题。当时很多人以为这是马斯克开的一个玩笑，因为这个公司的名字有点恶搞，boring 在英文中是无聊的意思，翻译成中文，这个公司就叫无聊公司，是不是很无聊？所以很多人没把马斯克的话当一回事儿。但仅仅过了两个月，人们就发现马斯克带领无聊公司在太空探索公司总部停车场内，挖了一个深 4.5 米、宽 15 米的"大井"。大家这才意识到马斯克是玩儿真的。原来英文的 boring 还有"用旋转工具挖洞"的意思。马斯克取名 Boring 公司是一语双关，幽默了一把。他还给 Boring 公司定了一个口号："Boring，It's What We Do."翻译成中文就是"我们干的事儿是挖洞"或者"我们干的就是无聊之事"。是不是很好玩儿？

有人调侃马斯克："他想开电动车，于是就有了特斯拉；他想太空旅行，于是就有了太空探索公司；他怕堵车，于是就有了无聊公司。"这是调侃，也是赞扬，从侧面证明了马斯克是个了不起的企业家。现在大家

在街上经常可以看见纯电动汽车，而马斯克是第一个将纯电动汽车从概念变成产品的人。如果没有马斯克，人类当然也会有电动汽车，但实现它相信会晚好多年。从这个意义上说，马斯克改变了汽车工业的发展进程。

\ 4 / 创业和企业家

在这本书里，我们会给大家介绍创业和企业家。创业有个文绉绉的定义，是指为了赚钱或满足社会需要而创办企业的过程。用普通人的话来说，创业就是开公司赚钱。

我们还经常听到一个词，叫“做生意”，创业肯定需要做生意，但做生意不一定是创业，原因很简单，创业是一个从 0 到 1、从无到有的创办过程，做生意的目的也是赚钱，但可能是继承家人的公司，或者受别人委托管理公司，做生意没有“创”的过程。从事创业的人叫创业家，其实更准确的叫法，应该叫创业企业家。前面提到的马斯克就是一个创业企业家。这本书讲创业，因此我们在本书中讨论的企业家，都是创业企业家，为方便起见，我们将其统称为企业家。

要成为一个成功的企业家需要具备多方面的能力、素质和精神，在这本书里，我们会着重介绍它们包括哪些具体内容，应该如何培养。

有的读者也许要说了：可我并不想当企业家、开公司赚钱，我只想当个科学家，培养企业家的素质和精神对当科学家也有帮助吗？我们的回答是：是的，培养企业家的素质和精神对当科学家也有帮助；不仅对当科学家有帮助，而且对从事其他事业也很有帮助，因为企业家的素质和精神可以运用在各种场合。相信读完这本书的时候，你会认可我们的回答。

\ 5 / 用赚钱来造福社会

【人物】	安德鲁·卡内基
【出生日期】	1835 年 11 月 25 日
【成就】	美国实业家、慈善家，卡内基钢铁公司的创始人，被世人誉为“钢铁大王”“美国慈善事业之父”。

涂老师和郦老师是美国卡内基梅隆大学的同学。卡内基梅隆大学在美国匹兹堡，最早由美国钢铁大王安德鲁·卡内基（1835—1919）出资建立。因为匹兹堡是卡内基创业并发迹的城市，所以这个城市到处是以他名字命名的地方，比如卡内基图书馆、卡内基音乐厅、卡内基博物馆、卡内基科学馆等等。为此，郦老师闹过一个笑话。郦老师上完第一学期的课后回国探亲，带了一堆在匹兹堡的照片，向亲朋好友介绍他的留学生活。其中一张照片是匹兹堡的 Carnegie Music Hall，郦老师一知半解，想当然地向人介绍：“这就是大名鼎鼎的卡内基音乐厅，广播电视里经常

讲的那个，就在我学校边上。”次数多了，终于碰到了懂行的人：“卡内基音乐厅不是在纽约吗？”郦老师蒙了，上网一查，可不是嘛，纽约也有一个 Carnegie Hall，那才是大家耳熟能详的那个卡内基音乐厅。原来卡内基捐建了两个卡内基音乐厅，一个在匹兹堡，一个在纽约。

再一查，哇，不得了，卡内基不仅捐建了这两个音乐厅、一所大学（即我们读书的卡内基梅隆大学）、位于匹兹堡的卡内基博物馆和卡内基科学馆，他还在世界范围内捐建了 2509 座卡内基图书馆。这些图书馆分布在世界各地，1689 座在美国，660 座在英国和爱尔兰，125 座在加拿大，其余的分布于澳大利亚、南非、新西兰、塞尔维亚、比利时，法国等国家。在 1919 年的时候，整个美国总共约有 3500 座图书馆，有一半是卡内基出钱建设的。

匹兹堡的卡内基图书馆全名是“卡内基图书馆系统”，包括十几座图书馆。主馆因为在卡内基梅隆大学边上，所以我们俩经常去。整个图书馆用大理石建造，新古典主义建筑风格，显得庄严肃穆。让人印象深刻的是它入口处的大理石门楣上刻的四个单词：FREE TO THE PEOPLE（向大众免费开放）。

卡内基从小生活艰辛。他出生于苏格兰，12 岁随家人移民美国，13 岁开始当童工，几乎没有受过正规教育，靠自己的奋斗逐渐成为世界第二富翁。在事业有成后，有感于自己年轻时在图书馆自学的经历，他始终忘不了由阅读带来的快乐与满足感，决定在世界各地捐建图书馆，免费向公众开放。他说：“当你为大众兴建图书馆，就像为一个沙漠引进了一条水流不竭的溪流。”他希望自己捐建的图书馆可以为像他一样出身贫苦的人提供一个免费学习的场所，从而改变更多人的命运。

图 1-1　匹兹堡卡内基图书馆主馆，入口处四个单词“FREE TO THE PEOPLE”赫然醒目。

卡内基一生强调努力工作，他有一句名言：**“我的心，就在工作里。”**英文是“My heart is in the work”，这句话后来成了我们母校卡内基梅隆大学的校训，涂老师和郦老师也深受其影响。正是基于一种勤奋的理念，卡内基一心一意办企业，拼了命地赚钱，但他拼命赚钱的目的只有一个：捐出去！

是的，你没看错，捐出去！卡内基写过一本书，叫《财富的福音》。在书里，他公布了他一生信奉的理念。他认为财富是社会文明的根本；

财富不应该由爸爸传儿子这样的继承得来，而是应该通过努力工作和坚持不懈去获取。**人应该努力成为富人，证明自己的能力，但成为富人后需要承担相应的责任，用手中的钱来造福整个社会，赚钱越多，责任越大。**

图 1-2　这是卡内基亲笔书写的自传，有很多他小时候的故事，值得一读。卡内基一生捐款数额之巨大，足以与设立诺贝尔奖的瑞典科学家、实业家诺贝尔相媲美，他也由此成为美国人心目中的英雄和个人奋斗的楷模。

卡内基是这么想的，也是这么做的。他在 35 岁的时候做了一个重要决定：要在他有生之年把他赚的钱全部捐出去。这件事看起来很容易，做起来却很难，因为卡内基是当时世界上第二富的人（第一富的人叫洛克菲勒，我们在后面会讲他的故事），他创办的企业每时每刻都在源源不断地给他创造财富，只有做到捐出去的钱比赚进来的钱多，他才有可能捐完全部的钱。

卡内基活到 84 岁，从 35 岁开始到他去世，整整 48 年，卡内基一边挣钱，一边捐钱，总算把他大多数的钱捐了出去。为什么是“大多数”呢？ 因为在卡内基去世时，还有 3000 万美元没来得及捐。这些钱最后是根据他的遗愿才捐献出去的。终其一生，如果用今天的钱来衡量，卡内基大概赚了近 800 亿美元，最后全部捐光，一分不剩，真正实现了他自己的一句名言：“一个人死的时候如果拥有巨额财富，那是一种羞耻。”

在人类的历史上，卡内基用自己的人生书写了浓墨重彩的一笔，从一个一文不名的穷小子成为美国最大的钢铁制造商，一度成为美国首富，后来又将几乎全部财产捐给社会，造福人类。他不仅是一个创业英雄，也是一个有着强烈社会责任感的企业家。他的作为，为后来的企业家树立了良好的典范。在他之后，大量的美国企业家跟随他的脚步，将巨额的财富捐献出来，以促进人类事业的进步和发展。

\ 6 / 实业救国，替天下读书人争口气

【人物】	张謇
【出生日期】	1853 年 7 月 1 日
【成就】	张謇主张“实业救国”，是中国棉纺织领域早期的开拓者，一生创办了 20 多家企业、370 多所学校，为中国近代民族工业的兴起、教育事业的发展做出了重要贡献。

在同一时期的中国，也出现了一个了不起的企业家，改变了中国的历史。他的名字叫张謇。

张謇（1853 —1926）出生在清朝。在成为企业家之前，张謇是一个典型的读书人。像那时候的所有中国人一样，他在很长一段时间内只信奉一个理念：万般皆下品，唯有读书高。对那个时代的人来说，只有读书才能考取功名，只有考取功名才能做官，只有做了官才能锦衣玉食、功成名就。

所以张謇的上半辈子，最主要的事情就是参加科举考试。科举考试简单来说分三级，分别叫童试、乡试和会试，每一级考中后会有相应的功名，考中童试的被称为秀才，考中乡试的被称为举人，考中会试的被称为进士。秀才是最低的功名，考中了也没有资格做官，考中举人的小部分人可以做官，但只能是低级官职，因此在古代要做官就只能靠参加会试，考中进士。

图 1-3　张謇一生创办了 20 多家企业、370 多所学校，为中国近代民族工业的兴起、教育事业的发展做出了重要的贡献。

张謇 16 岁考中秀才后，科举之路就不是很顺畅，他分别在 18 岁、21 岁、23 岁、24 岁、27 岁先后五次参加乡试，均告失败，直到 33 岁第六次考试后才中了举人。考中举人后接着参加会试，又不顺利，34 岁第一次会试不中，37 岁再考又不中，38 岁又考还不中，40 岁卷土重来又落第。直到 1894 年，41 岁才一举成名，考了个状元。状元就是进士第一名的意思。考中状元的张謇被授以六品的翰林院修撰官职。

不久，中日甲午战争爆发，清政府惨败。张謇反思中国战败的原因，萌生了“实业救国”的念头。**他把国家比喻为树，把教育比作花，把海、陆军比作果实，认为树的根本在于创办实业，也就是我们今天讲的创业。**他说如果只是贪图花和果的甘美而忘记了根本，那么花和果又怎么可能长得出来？

张謇以状元身份投身创业的举动，在当时可以用惊世骇俗来形容。在中国的传统文化当中，读书做官是正道，经商是末路、是邪道。读书人创业从事工商业，不仅被当官的人鄙视，而且也会被普通老百姓看不起。多年后，张謇追述往事，说自己创业的决定是放弃一切，“舍身喂虎”，可见他当时承受的压力有多大，但是为国家大计，他决定要替天下读书人争口气，做出点样子来给世人看看。

光绪二十二年，也就是 1896 年，张謇受张之洞委托，总理南通商务，筹办大生纱厂。为了筹款，张謇奔走于各地，心力交瘁。对于这段经历，他的儿子张孝若在为父亲写的传记《南通张季直先生传记》里有生动的描述。张孝若写道：张謇“白天谈论写信筹划得手口不停，夜间又苦心焦思，翻来覆去，寐不安枕；官绅的接洽说话，一天几变，捉摸不定。有钱人的面孔，更是难看，推三阻四。上面的总督虽然赞助，而底下的官员没有一个不拆台。旁人也没有一个不是看好看”。

“看好看”是江浙方言，意思是等着张謇失败出洋相。对天长叹、流眼泪也是常有的事情。

经过两年的艰难筹备和一年的紧张建设，大生纱厂终于在 1899 年在南通建成投产。经过数年的惨淡经营，大生纱厂逐渐壮大，到 1911 年为止，获净利 370 余万两。赚到钱后的张謇开始热心公益事业，在南通开始了扎实的地方建设。

在中国，南通是第一个拥有城市规划的城市，是全中国第一个实行小学义务教育的县级单位。张謇创办了全中国第一所师范学校、第一所聋哑学校、第一所纺织学校、第一所水利学校、第一所水产学校、第一所航海学校。他创办和支持过的学校多年后发展成为海内外闻名的大学或其重要的组成部分，这些学校包括：复旦大学、南京大学、东南大学、南京师范大学、上海财经大学、同济大学、上海交通大学、暨南大学、上海海事大学、上海海洋大学、大连海事大学、东华大学、河海大学、扬州大学等。他还创办了全中国第一家民办博物馆、中国第一个国家气象台。

图 1-4　张謇纪念馆位于江苏省南通市海门区常乐镇，2008 年兴建，2010 年开馆，距张謇的出生地仅 500 米。

中国的科举制度从隋朝开始，历经唐、五代十国、宋、元、明、清，还包括了一些割据政权如西夏、太平天国，共产生过 600 多位状元，但没有一位状元像张謇一样深刻地改变了一座城市、一个国家。而这一切都源于他选择以“实业报国”的创业。张謇之后，中国的读书人可能有不愿意当企业家的，但慢慢不再以当企业家为耻。直到今天，如果你去南通，你还可以感受到他对这座城市的影响以及他在老百姓心中的地位。对于张謇的评价，胡适先生的一段话被世人所推崇。胡适写道："他独立开辟了无数新路，做了 30 年的开路先锋，养活了几百万人，造福于一方，而影响及于全国。"

读到这里，想必同学们已经迫不及待地想成为一个企业家、一个创业者，成为马斯克、卡内基、张謇那样的人。但成为一个企业家需要一些基本素质，其中最基本的一个素质是创立公司、管理公司的能力。

那么，什么是公司？公司又是怎么运作的呢？这就是我们下一章要讲的知识。

画重点

- ☑ 马斯克除了有梦想、一个聪明的脑袋和吃苦耐劳不怕失败的精神外，基本上什么都没有。但对他来说，拥有这些就足够了。
- ☑ 异想天开，敢想敢做，一路向前。
- ☑ 卡内基有一句名言：我的心，就在工作里。
- ☑ 人应该努力成为富人，证明自己的能力，但成为富人后需要承担相应的责任，用手中的钱来造福整个社会，赚钱越多，责任越大。
- ☑ 如果把国家比为树，那么树的根本在于创办实业，也就是我们今天讲的创业。

第2章 什么是公司？

\ 1 / 有些公司富可敌国

你可能会问，创业为什么要开公司呢？公司很厉害吗？它跟一百个人比谁厉害？跟一千个人比呢？跟一万个人比呢？跟一个国家比呢？哪个更厉害呢？

事实上，公司不仅可以比一百个人、一千个人、一万个人厉害，甚至可以比世界上大多数国家更厉害。

举个例子，沃尔玛，就是开沃尔玛超市和山姆会员店的那个公司，

图 2-1　富可敌国的沃尔玛。

2019 年全年销售收入 52400 亿美元，这个数值跟 2019 年排名全球第 23 位的瑞典的国内生产总值（GDP）差不多。全球有 190 多个主权国家，换句话说，如果我们把沃尔玛当成一个“国家”来看待，那它的收入超过世界上绝大多数国家的 GDP！

你知道吗

每过 1 小时，美国人就在沃尔玛花掉 3500 万美元；
90% 的美国人出门不到 24 千米就能找到一家沃尔玛超市；
美国零售业 70% 的新增就业机会来自沃尔玛；
沃尔玛一年就能为美国消费者节约大概 300 亿美元……

有人把世界上所有国家和公司放在一起，按照 2017 年的收入做了一个排名，结果发现，排名前 100 位的经济体中，69 个是公司，31 个是国家；排名前 200 位的经济体中，157 个是公司，43 个是国家。你可能学过一个成语“富可敌国”，什么叫富可敌国？这些公司就叫富可敌国。

关于公司的强大力量，一百多年前清朝的薛福成在他写的一篇文章里有一段精彩的描述。

图 2-2　薛福成（1838—1894）是认识到公司强大力量的第一个中国人。

薛福成 1889 年担任清政府出使英、法、意、比四国的公使，是清朝著名的外交家，也是中国人睁眼看世界的先行者。他有一篇文章，叫《论公司不举之病》，意思是一个国家的公司制度不兴旺，这个国家就会生病、没力气，他在这篇文章中写道：公司"尽其能事，移山可也，填海可也，驱驾风电、制御水火，亦可也"。这是文言文，翻译成我们今天的话就是：公司那可真是无所不能啊，移动大山做得到，填平大海做得到，制服风电水火，让它们为人所用也做得到。

难以置信!
国家比不过公司!
大公司
国家

\ 2 / 公司能为社会创造财富

薛福成指出清朝时候的中国之所以不富不强，就是因为“公司不举”，即没有强大的公司。而今日中国之所以强大，很重要的原因就是公司的兴起。

我们平常生活中可能会经常听到这样的说法：某个国家富，某个国家穷。衡量一个国家是穷还是富，国际上有一个公认的指标，叫作人均国内生产总值（人均 GDP）。人均国内生产总值越高，一个国家越富；人均国内生产总值越低，一个国家越穷。

人均 GDP = 一个国家的 GDP 总值 / 一个国家的人口数量。

大家都学过除法，知道要使等式左边的人均 GDP 变高只有两个办法，要么使等式右边的分子 GDP 总值变大，要么使等式右边的分母人口数量变小。而一个国家的人口数量短期内很难改变，所以一个国家要快速变富裕，归根结底是要让 GDP 总值快速变高。

中国过去几十年发展经济，国内生产总值快速增长，现在总量已排世界第二，所以大家感觉生活越来越好了，这主要是公司的功劳。

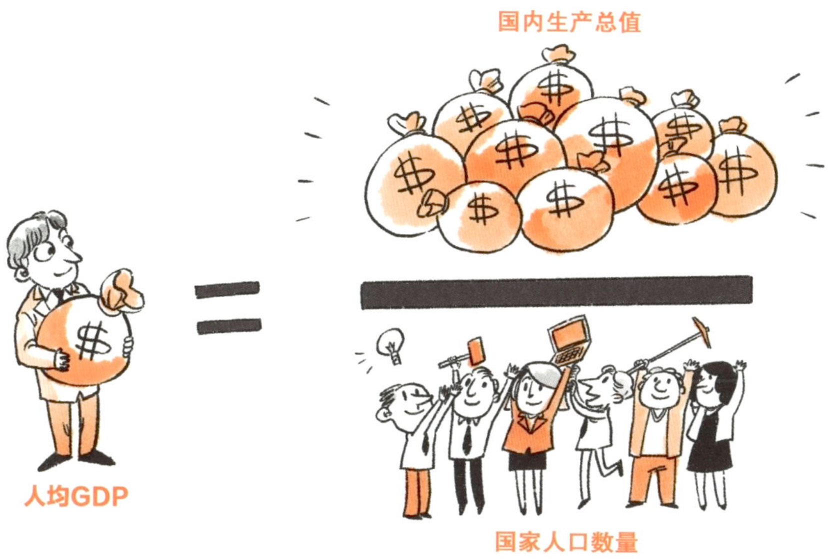

在我国，公司按性质主要分为国有公司、私营公司和外资公司三类。外资公司主要由外国人在中国开设，如前面讲到的沃尔玛，就是美国人在中国开的公司。国有公司主要由国家建立，归全体国民共同所有，是我国经济的主体，起稳定全局的作用。而私营公司主要由私人企业家创立，它们的蓬勃兴起让我们的国家快速变富变强。

现在我们国家一共拥有私营公司 3000 多万家，创造了 60% 的 GDP，为 2.1 亿多人提供工作。而在我国，除去老人和孩子，大概有 7.7 亿人在工作。换句话说，私营公司为我们近三分之一的可劳动人口提供了就业机会。

在别的国家，情况也是差不多的。有个国际组织叫经济合作与发展组织（OECD），简称经合组织，如果你以后从事金融、商业之类的工作，这个名字你会经常听到，现在你只需要知道一点，这个组织被称为发达国家俱乐部。为什么这么叫呢？因为基本上世界上最富的国家都是它的成员。中国不是经合组织成员，但我们的邻居日本和韩国都是。这个经合组织做了一个有关创业的研究，发现在经合组织国家，也就是世界上最发达的国家里，99% 的企业是由企业家创立的中小型企业，在新创造的社会财富当中，有 50%~60% 是这些中小型企业贡献的，整个社会的工作机会，有三分之二是它们提供的。

\ 3 / 公司竟然能改变时间

公司能移山填海，能创造财富，提供就业机会，真了不起！也许你不相信，历史上的公司还曾经改变了时间的设置！去过美国的人可能知道，美国从东到西有四个时区，每个时区相差一个小时，分别是美国东部时间、中部时间、山地时间和太平洋时间，你知道这些时区是怎么来的吗？

这些时区可不是由美国政府一声令下设定的，而是由铁路公司率先设定，被人们接受后自发延续下来的。

在这之前，美国的每个城镇都有自己的当地时间。一个地方的上午11点可能是500千米外另一个地方的10点23分。整个美国有300多个当地时间，给火车运行造成了极大困扰。那时的火车公司除了我们现在常见的司机和列车员，还有专门换算时间的工程师。即便如此，由于各地的时间实在太多了，换算来换算去，还是免不了出错，出错了就容易出事故。如在1853年8月12日，两列火车在美国罗得岛州迎头相撞，造成多人死亡，事后调查，发现造成事故的原因是两列火车的计时工程师的手表差了两分钟。这样的事情在今天看来难以置信，在当时却经常发生。

为了解决这个问题，美国和加拿大所有的铁路公司联合起来开了个大会，决定将整个北美大陆划分为四个时区，统一时间标准。1883 年 11 月 18 日正午时分，北美大陆所有火车站的时钟统一调拨到新的标准时间，随即所有火车公司开始按照标准时间运行列车时刻表。造物主决定的时间第一次按照公司制定的规则运行。由于火车是当时美国人和加拿大人旅行的主要交通工具，新时区很快在人们的日常生活中普及，成为约定俗成的习惯并延续了下来。1918 年，美国国会正式采用铁路时区作为法定时区，算是认可了铁路公司的行为，但这已是 35 年后的事情了。

那为什么公司有这么强大的力量呢？薛福成的文章给出过精辟的答案。他认为公司之所以这么强大，是因为它们能够“纠众智以为智，众能以为能，众财以为财”。翻译成今天的话就是：公司之所以这么厉害，是因为它能够集中众人的智慧作为它自己的智慧，集中众人的才能作为它自己的才能，集中众人的财富作为它自己的财富。

读到这里，你可能更好奇了：公司是怎样“纠众智以为智，众能以为能，众财以为财”的呢？

要回答这个问题，我们得先从人类在发明公司之前经营生意的方式谈起。了解了这些生意经营方式的缺点，就能更好地理解公司的优点。理解公司的优点以后，我们再来讲解公司的特征，你就很容易明白了。

跟汽车、飞机、大炮一样，公司也是我们人类发明出来的。而人类发明公司的主要目的，就是为了克服以前那些生意经营方式的缺点。简单来说，在人类发明公司之前，经营生意要么靠家庭，要么靠皇帝，而这两种方式都有明显的缺点。

\ 4 / 家族生意有好处，但缺点也很明显

人类最初是依托家庭血缘关系建立和管理生意的。通过结婚和生孩子产生的人际关系称为血缘关系。我们每个人和爸爸妈妈、爷爷奶奶、外公外婆以及其他亲戚之间的关系就是血缘关系。在这种模式下，投资生意的钱来自家庭成员，生意的日常经营和管理主要由家庭成员承担，赚了钱由家庭成员分享，亏了钱由家庭成员负责偿还。这种经营模式的好处是生意伙伴就是家人，相互间有高度的信任。生意好全家过好日子，生意不好全家饿肚子，一家人做起事来容易齐心协力。但这种模式也有明显的缺点。

第一个缺点就是，生意的大小受到家庭大小的限制。哪怕是在古代，人们生很多孩子，一个家庭的人数有几十、上百人也是极限了。而现在的公司，有几十万员工很正常，上百万的也不少，如前面提到的沃尔玛公司就有 200 多万员工。这样大的规模，单纯靠家庭血缘关系根本不可能组织起来。

依托家庭经营生意的第二个缺点是生意容易受地域限制，因为一般

来说一个家庭的成员都会集中在一个或几个地方居住，遍布全国各地的情况不多，遍布全球的就更少见了。而现在的公司，在几个国家甚至几十个国家同时开展生意是很稀松平常的事情。如沃尔玛，它在全世界 20 多个国家经营超市，向更多国家的供应商采购商品。这样的跨国生意，单纯靠家庭血缘关系同样不可能组织起来。

依托家庭血缘关系经营生意还有第三个缺点，那就是生意的长期存续是个很大的问题。会做生意的爸爸生的孩子不一定擅长做生意，也可能不喜欢做生意。如果上一代人的所有孩子都不擅长做生意或者不想做生意，生意就有可能在下一代人的手里垮掉。

\ 5 / 奉皇帝命令做生意，也会砸锅

在公司出现之前，依靠皇帝是另外一种经营生意的方式。这样的商人在中国古代叫官商。官商既是官员又是商人。官商受皇帝任命做生意，卖什么和怎么卖，皇帝说了算。

比如在古代，我们做菜放的盐只能是官商买卖的，老百姓自己买卖盐，叫贩卖私盐，被官府抓住了，轻者坐牢，重者杀头，是很严重的犯罪。

做官商的好处显而易见：皇帝指定，独门生意，赚钱容易，用我们现在流行的话来说，这叫躺赚。但做官商的坏处也显而易见，最大的坏处就是财产安全得不到保障。

皇帝高兴的时候，躺赚；皇帝不高兴了，就赚躺下了，破产丢性命是常有的事儿。

比如和薛福成同时代有个著名的“红顶商人”叫胡雪岩，他的生意因为官府支持而快速崛起，又因为官府的反对而瞬间衰败。

胡雪岩的故事跌宕起伏，实在过于精彩，以至于现在的电视剧经常

以他为主角。直到今天，一提到“红顶商人”，大多数人第一个想到的就是胡雪岩。

“红顶商人”是清朝时对官商的俗称，因为一边做官一边从商，所以有官品和等级，能穿官服戴官帽，而清朝的官帽顶上装饰有红穗穗，远远看去，帽子顶是红的，所以被称为“红顶商人”。

胡雪岩早年受清朝官府支持，快速致富，生意涵盖钱庄、当铺、房地产、盐业、茶业、纺织业、航运、粮食买卖、中药行、军火，干一行赚一行，被誉为“一代巨贾”。贾是商人的意思。一代巨贾的意思是一个时代最有钱的商人，换成我们现在的话就是“首富”。就是这么个首富，后来官府不喜欢他了，短短两年时间，生意倒闭破产，负债累累，胡雪岩自己也很快在落寞中去世了。胡雪岩死时，留下“三不要”遗言，告诫子孙引以为戒，其中第一条是“不要经商”，第二条是“不要亲近官宦”，可见他有多么后悔做了官商。

你知道吗

胡雪岩从容答道:“我常在想，人生在世应该先求名，还是先求利? 有一天跟朋友谈到这个疑问，他说: 别的我不知道，做生意是要先求名，不然怎么叫金字招牌呢? 这话大有道理，创出金字招牌，自然生意兴隆通四海，名归实至。岂非名利就是一样东西?”

——摘自《红顶商人胡雪岩》

清朝还有一个著名的官商叫曹寅。同学们可能不知道他，但他的孙子很有名，叫曹雪芹，是我国四大名著之一《红楼梦》的作者。曹寅的妈妈是康熙皇帝的奶妈。曹寅自己从小陪康熙读书，长大后又当了康熙的侍卫，所以康熙皇帝很信任他，派他去南京当江宁织造。

江宁织造是个官名，主要工作是帮皇帝生产丝绸用品以及采购其他御用物品，用现在的话来说就是皇家纺织厂的厂长和皇宫的头号供应商。曹寅死后，他的儿子继续当江宁织造。曹家受宠时，日子过得极其富裕奢侈，据说《红楼梦》里贾宝玉住的大观园的原型就是江宁织造府，贾家的生活也以曹家为蓝本。可惜好景不长，康熙一死，新继位的雍正皇帝的态度却180度大拐弯，他一点也不喜欢曹家，找了个理由，噼里啪啦直接给抄了家，曹家所有的家财和奴仆全部转送给了新任命的江宁织造。

富甲一方的曹家从此日渐凋零。作为曹家后代的曹雪芹也从锦衣玉食一下子变成了常年喝粥的状态，因为贫苦交加，不到50岁就去世了。曹雪芹可谓英年早逝，给后人留下了一部没有写完的《红楼梦》，让后来读这本书的人惋惜不已。

你知道吗

《红楼梦》开篇，曹雪芹就借着跛足道人之口，写下一首七言古诗，抒发这种大家族突然之间树倒猢狲散、忽喇喇大厦倾的悲凉。

世人都晓神仙好，惟有功名忘不了！
古今将相在何方？荒冢一堆草没了。
世人都晓神仙好，只有金银忘不了！
终朝只恨聚无多，及到多时眼闭了。

无论是依托血缘还是依托皇帝做生意，都有一个共同的风险，那就是万一生意失败了，赔起钱来没有底。生意亏了，倾家荡产还算是幸运的，不幸的还要连累下一代，爸爸亏的钱，到儿子、孙子那代人还要赔，这叫父债子偿。曹雪芹后半辈子日子过得清苦，一个很重要的原因是被朝廷追债。而实际上那笔债是他爷爷、爸爸欠下的，跟他一点关系也没有。

\ 6 / 公司的三大特征

公司的出现，在很大程度上克服了依靠家庭或皇帝经营生意的缺点。

公司有三大特征：

公司享有独立的法人地位；

公司的投资人承担有限责任；

公司的权益可以自由转让。

公司的法人地位，是指法律认为公司跟人一样有独立的生命。公司可以不依附于任何人独立存在，不依附家庭，也不依附皇帝。它以自己的名义签订合同，承担法律责任，享有法定权利。

有限责任是指投资公司的人仅以自己投入企业的资本，对企业的债务承担责任。

公司的权益可以自由转让是指拥有公司权益的人可以自由买卖其所持有的权益，卖给谁、卖多少、卖什么价格，自己决定。正是这三大特征，使公司成为当今世界最重要的商业组织形式。

读到这里，你可能已经晕了。这是什么跟什么呀？这里写的每个字都认识，却不知道在讲什么。不用着急，这些都是抽象的法律概念，听不明白很正常。我们下面举几个例子你就懂了。

假设涂老师和郦老师准备一块儿投资成立一个公司，专门设计制造机器人。涂老师投资 100 块，郦老师也投资 100 块。当然，在实际生活中开公司需要的钱会比 200 块要多得多，但为了使我们的例子尽量简单好记，我们姑且这样假设。

涂老师和郦老师出钱一样多，所以这个公司的所有权两个人一人一半，这在商业上的表述就是：涂老师和郦老师分别拥有这个公司 50% 的股份。拥有公司股份的人被称为股东。涂老师和郦老师就是新成立的机器人公司的股东。这个公司就两个人投资，所以股东只有两个。

在现实世界中，公司还有其他形式，但股份制公司是最常见的形式，占了世界上公司的绝大多数，在这本书里，为了简便理解，凡是提到公司，就是代指股份制公司。

一个公司最少可以只有一个股东，最多上不设限，可以有成千上万的股东，这就打破了以前依托血缘关系经营生意时受到的家庭规模限制。

股东享有公司的权益，最重要的权益是决策权和收益权。决策权就是对公司的事情做决定，收益权就是公司赚了钱后可以分钱。股份越多，决策权和收益权就越大。因为有了股份这样的安排，大股东可以选择自己管理公司，也可以雇佣别人管理公司。被雇佣的管理人员被称为职业经理人。职业经理人干得好，股东就会给他很高的报酬，干得不好，股东可以直接解雇他。

你看，通过股份制这样安排，公司就可以把不同人的钱和有各种本事的人集中起来为其所用，是不是很容易就做到了“纠众智以为智，众能以为能，众财以为财”？

股份制也很好地解决了我们前面讲到的生意的传承问题。爸爸创立的公司，到了下一代，只需把股份传给孩子们，如果所有孩子都不喜欢经营生意，那么他可以雇个能干的职业经理人来经营，孩子们去干自己喜欢干的事情就行了。当然孩子们也可以把股份卖了，让买股份的人将公司经营下去。

股份制的设立也使公司跨越了亲情和地域的限制。跨越亲情限制是说公司只认股份不认人，任何人只要能向公司出具股份凭证，公司就认为他是公司的股东，就会给他相应的股东权益。跨越地域限制是说股份制可以使企业管理权和所有权分离，比方中国的股东可以控制在另一个国家的生意，如果对当地的情况不熟悉，可以雇佣当地的职业经理人进行公司的日常管理。

开公司首先需要去工商局注册。假设涂老师和郦老师将公司名注册为“古怪精灵机器人有限公司”，一旦注册成功，“古怪精灵机器人有限公司”便成为独立的法人。换句话说，在法律上，涂老师是一个人，郦老师是一个人，“古怪精灵机器人有限公司”也是一个“人”，每个“人”都要对自己的行为负责。法律把涂老师和郦老师这样有血有肉的人称为“自然人”，把公司这样的组织称为“法人”，不管是自然人还是法人，在法律上都是独立的“人”。

把公司认定为“人”，很多事情做起来就方便了。比方说它可以以自己的名义签合同；它可以作为股东去持有别的公司的股票，分享其所投资的公司赚到的钱；万一被人侵害利益，还可以用公司的名义去法庭起诉。

现代国家强调法律面前人人平等。既然公司也成了“人”，那它就享有平等的权利，就算皇帝也不能仗势欺“人”。今天，世界上有的国家还保留了皇帝，比方说英国有女王，日本有天皇。但是无论是英国女王还是日本天皇，都不能像前面讲到的雍正皇帝那样，随便把一个自己不喜欢的公司的财产没收，交给喜欢的人去经营。

如果你足够细心，你就会发现“古怪精灵机器人有限公司”这个名

字里有“有限”两个字；如果你再仔细回想一下，你可能会注意到大多数公司的全称里都有“有限”两个字。涂老师和郦老师把“古怪精灵机器人有限公司”注册为有限责任公司，意味着我们两个人作为股东，只需承担“有限责任”。有限责任的意思是说如果公司亏钱了，我们两人的最大损失是我们投入公司的股份，也就是每人投的 100 块钱。哪怕最后公司欠了 500 块，而涂老师或者郦老师银行账户上正好有 500 块钱的积蓄，债主也不能要求我们用个人名下这 500 块钱抵债。因为 500 块的债务是“古怪精灵机器人有限公司”这个法律上的“人”欠的，不是涂老师或者郦老师欠的。有限责任公司使商业投资的风险变得可控，最坏的结果就是投资人损失全部投资出去的钱。这样一来，从此做生意再也不用怕倾家荡产，父债子偿，累及家人了。

前面已经讲了公司的第一大特征——享有独立的法人地位和第二大特征——公司的投资人承担有限责任，接下来讲讲公司的第三大特征。

公司的第三大特征是公司的权益可以自由转让。我们还是用前面的例子来说明。

假设，在经营了一段时间“古怪精灵机器人有限公司”后，郦老师因为大学老师的工作过于繁忙，不想再继续经营公司了，郦老师就可以把手中的50%股份卖掉。郦老师跟几个有兴趣买股份的人聊了一下，结果发现马大哈先生愿意出最高的价钱——150元，买他的股份。郦老师决定把他手中的股份以150元的价格卖给马大哈先生。假设这时涂老师来找郦老师，说：“你不可以把股份卖给马大哈先生。马大哈先生做事情太不靠谱，对公司发展不利。”这时郦老师就可以要求涂老师用150元的价格买下自己的股份，如果涂老师不买，那郦老师是有权将股份卖给马大哈的，哪怕他跟涂老师是朋友，哪怕从道理上来讲涂老师是对的，但郦老师手中的公司权益是郦老师的，在同等价格下，涂老师有优先购买权，如果涂老师不买，那他就不能干涉，卖给谁是郦老师个人的事，这就是“自由转让”的意思。

也就是说，如果涂老师实在不想让马大哈先生入股，那他可以出一个跟马大哈先生一样或者更高的价格，把郦老师手中的股份买下来。像这些规定，都是公司在成立的时候，涂老师和郦老师两个股东事先在公司的章程中约定的。章程就是公司股东之间的文字约定，每一个公司都有章程，就好像每一个国家都有一部宪法。在这部章程里，规定好了出现什么问题应该怎么处理。一部章程，把公司发展过程中可能会碰到的问题都规定好了，一旦出现问题，就按规定办，股东之间就可以少吵架、不吵架了。

综上所述，**公司的三个特征使经营生意成为一件有利可图、风险可控、进退自如的事情，极大地调动了企业家的创业积极性。**自从公司制诞生以后，人类就进入了一条快速发展的快车道。可以毫不夸张地说，如果没有公司，我们就不可能有今天的生活。你熟悉和喜欢的一切，汽车、互联网、迪士尼乐园、动画片、可乐、薯片都不可能出现。

前面讲了，公司制的出现使公司的所有者和管理者实现了分离，那么在实际运行的过程中，作为所有者的股东怎样去了解管理者有没有好好工作、认真经营公司呢？一个像沃尔玛那样规模的大公司，大大小小的分公司几十个上百个，分布全球，那么总公司的最高管理者又是怎样知道这些分公司的人有没有好好干呢？这就需要会计制度来帮忙了。

下一章我们就来讲讲记账的故事。

画重点

- ☑ 公司不仅可以比一百个人、一千个人、一万个人厉害，甚至可以比世界上大多数国家更厉害。
- ☑ 我们中国过去几十年发展经济，国内生产总值快速增长，现在总量已排世界第二，所以大家感觉生活越来越好了，这主要是公司的功劳。
- ☑ 家族生意的第一个缺点就是，生意的大小受到家庭大小的限制。第二个缺点是生意容易受地域限制。第三个缺点就是生意的长期存续是个很大的问题。
- ☑ 做官商的好处显而易见：皇帝指定，独门生意，赚钱容易。但做官商的坏处也显而易见。最大的坏处是财产安全得不到保障。
- ☑ 公司有三大特征：公司享有独立的法人地位；公司的投资人承担有限责任；公司的权益可以自由转让。

学会记账

\ 1 / 青史留名的第一人是一位会计

人类记账的历史可谓源远流长。

想象一下人类早期的生活，部落有个英雄打了一只大野猪，大家在一起高高兴兴分肉，谁分没分，分多分少，要是不记账，就说不清楚了。所在你在学习历史时稍稍注意一下，就会发现人类最早最重大的发明，无论是结绳记事，还是文字和货币，居然都和记账有关。

大约在 8000 年以前，我们的祖先就开始大规模地交换自己种植的农产品和打来的猎物。要完成交换，也要记账，在美索不达米亚地区生活的苏美尔人留下了这方面最早的文物。

那时候没有纸。公元前 3500 年，苏美尔人开始用陶土制作泥板，在泥板上写写画画，他们用一种图形符号来表示交易的东西，用另一种符号来表示交易的数量。

在图 3–1 中，左边是一份交易记录，其文字和符号代表牛头、谷穗、鱼以及它们的数量。右边的泥板是 1929 年一位德国考古学家在废墟中发现的，据判断有 5300 年的历史，泥板上刻有圆点、括号和小图案。

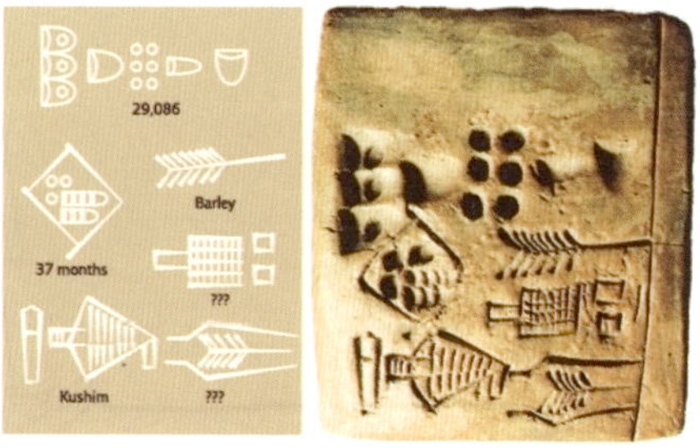

图 3–1　苏美尔人的泥板，图片来源：Erenow。

历史学家尤瓦尔·赫拉利认为，这是一张表示商业交易记录的收据，它的意思是：在 37 个月时间里，一共收到 29086 单位的大麦。由 Kushim 签核。

“Kushim”是记账员的名字，这也是目前人类发现的最早的名字，这意味着，青史留名的第一人，不是国王、部落首领，也不是巫师、知识分子，而是一名数字记录者，用今天的话说，就是一名会计。

\2/ 自古以来，亲兄弟也要明算账

大家可能不知道，虽然记账的历史久远，但人类记账的技术却一直非常落后，直到14世纪末，几乎全世界所有的商人，一年到头辛辛苦苦做生意，但一年到底赚了多少钱，都算不清楚，也就是说，赚多赚少是笔糊涂账。

这听起来太令人难以置信了，但却是事实。其中的原因是几千年以来，人们只会用流水的方法记账，即流水账。

什么叫流水账？

就是简单地按时间记录一笔账，跟你写过的流水账作文是一回事。你可能玩过一款经典游戏叫《大富翁》，我们就用它来打比方。如果在金贝贝购物中心花费2000元，请朋友吃饭花了500元，你可以这样记账：

购物支出：2000元

吃饭支出：500元

这看起来很清楚，但生活并不是这么简单，有的时候，一笔账来了，你会很糊涂，不知道该不该记，如果要记，又该怎么记，因为它的性质是交叉的，既可能是收入，也可能是支出，例如：

购买股票支出：5000 元

今天从朋友那里借了 1000 元现金，已经用了 200 元为公司垫付火车票

买股票是支出，也是投资，这笔钱并没有真正花出去，那该如何记？类似这样的项目一旦记上去，月底的统计可就不是简单的加减了。

同样令人烦恼的还有上面列出的借钱和垫钱，如果记，可能记重，如果不记，又可能漏了开支的项目。

这就是流水账的困境，它只能记录简单的收入和支出，遇到借款、贷款、预支、定金、转账、报销等复杂的公司行为就束手无策了：如果都记下来，就一定会记重；如果不记，又可能漏记。而对一个大公司来说，交易会像雪花一样飘来，到月底或者年底要一笔一笔核对，是极其烦琐的工作。

这就是 15 世纪以前商业记账的真实情况：每个商人都有一本账，但却是流水账，业务一多一复杂，就变成糊涂账了，具体赚了多少、赔了多少，很难算清楚。

这对商业发展的限制实在太大了，如果账记不清楚，就只能小本经营，为什么呢？因为公司要做大，就要有合伙人，试想一下：如果算不清账，合伙人就会因为分红发生争吵，很多合伙人可以共患难，克服困难一起打拼，但如果赚了钱分不均，结果就是生气红脸、吵架跺脚，最后一拍两散，从古到今都是这样，很少有例外。中国有句古话，“不患寡而患不均”，西方也有一句话，“账目常清，友谊长存”，道理类似。

可能有人会举手反对，他们认为朋友要讲情义，金钱只能放在第二位。历史上就有这样的君子啊，春秋时期的齐国宰相管仲年轻的时候为了谋生，和好朋友鲍叔牙一起做生意，管仲出的本钱少，鲍叔牙出的本钱多，但到了年底分红的时候，管仲却做主，自己给自己分了一半，大家都认为不公平，他们认为鲍叔牙很糊涂，还向鲍叔牙举报说，公司的

你知道吗

不患寡而患不均，是孔子提出的税收思想之一。孔子在《论语·季氏》中指出："闻有国有家者，不患寡而患不均，不患贫而患不安。盖均无贫，和无寡，安无倾。"意思就是，不论有国的诸侯或封地的大夫，不应担心财富不多，只需担心财富分配不均；不要担心人少，而只需提防境内不安宁；财富分配均衡，便无所谓贫穷；人民和睦相处，便不觉得人少；境内安宁就没有亡国的危险。

钱还没入账，管仲就拿去垫付自己的债务了，这是品行不端。

要说他们的抱怨，还真没错，我们前面谈到过，合伙人要按照股本的比例来分红，也就是本钱出得多，分的钱就多，这是公司的基本规则。管仲违反了规则，他收了钱不入账，直接用于其他的地方，在会计学里这叫"坐支"，也是违规的行为。

但鲍叔牙斥责他的手下说：你们满脑子都是钱、钱、钱，就没发现管仲的家里十分困难吗？他上有老下有小，比我更需要钱，多分一点是应该的，这事你们以后不要再提。

大家要明白的是，"管鲍分金"是一则历史美谈。它之所以成为美谈，是因为它是一个特例。所谓特例，就是很少发生、不足以成为参照的例子。我们必须清楚，共同合伙做生意，目标很明确，就是要赚钱分钱，分不均就会吵架，就可能散伙，经营就无法持续。你可以要求自己做到像鲍叔牙一样大度，但如果你也像管仲一样很需要钱，却不能要求你的合作伙伴像鲍叔牙一样慷慨。有点残酷，对吧？但现实就是这样，古话也说了，要做君子，就要严以律己，宽以待人。

如果你硬要把情义放到第一位，那生意就没法做了，也正是因为过于强调人情，漠视规则和利益，中国的商业文明长期以来不发达。

把账算清楚，把钱分公平，全世界是威尼斯人率先解决了这个问题。

\3/ 威尼斯人的记账方法曾经全世界第一

有一出名戏，叫《威尼斯商人》，你肯定听说过。

这是世界戏剧大师莎士比亚（1564—1616）最著名的作品之一。莎翁用他的妙笔，刻画了几个性格鲜明的商人：夏洛克经营高利贷，他精打细算，一毛不拔，既贪婪又冷酷；安东尼奥做海上贸易，他大度宽厚，借钱给别人不收利息，因此受到朋友们的欢迎。夏洛克认为安东尼奥的做法破坏了他的生意，于是他在合同中设下了一个圈套，安东尼奥如果还不了钱，就要割下一磅肉来赔偿。“即使这磅肉不能吃，拿来钓鱼也好，至少可以出出我这一口恶气。”

安东尼奥果然中计了，他的资金周转不灵，只能割肉来还夏洛克的钱。但故事的结尾却出人意料，美丽的女律师鲍西娅，以惊人的才智在法庭上机智辩驳：“这一磅肉必须一点不多，一点不少，并且不能流一滴血，也不能因此伤害安东尼奥的性命。”

夏洛克无法达到这样的“精确”，拿着刀瞠目结舌，最终没能得逞。

这出著名的戏剧是以威尼斯为背景的，这并非偶然。当时的威尼斯，是世界的贸易中心，全国上下盛产商人。对威尼斯人来说，做生意就是世间第一等好事，不做生意，他们就不知道如何生存。

你知道吗

最软弱的果子最先落到地上。

——摘自《威尼斯商人》

12 世纪的威尼斯，已经出现了复杂的合伙和投资。出海前集资，一次航行就是一单生意，一艘船上的货物可能来自十几个人的集资，然后被卖给几百个人，这几百个人当中的几十个人，可能又会二道贩卖，所得的钱又投到另一艘船的货物上，再被另外几百个人买走……如此一来，那最初的十几笔钱后来流向了哪里？那些最初的投资要怎样折算成利润？赚了还是亏了？这些问题，是不是听起来就有点令人头大？

为了解决这些问题，一种新式的账本开始在头脑灵活的威尼斯商人中流行。到 14 世纪的时候，威尼斯商人在记账和计算方面，已经是全世界领先。但当时的知识传播相当缓慢，威尼斯商人又只管赚钱，并没有意识到自己的记账方法是全世界第一，直到帕乔利（1445 —1517）的出现，这种记账的方法才被系统总结，写成了书，逐渐传遍世界。

\4/会计学之父帕乔利

帕乔利是何许人也？

他是一名意大利修道士，修道士就是非常相信上帝和《圣经》的人，以此为人生的目标和意义，并通过自己艰苦朴素的行为成为别人的榜样。帕乔利对数学也很感兴趣，他一边修道，一边担任数学教师。他的第一份工作是在一名威尼斯大商人家里教孩子数学，帕乔利常常用卡通般的孩子语言来描述数学问题，例如有一道经典的猫捉老鼠的数学题，就是帕乔利最早写到书里的：

> 一只老鼠在 60 英尺高的白杨树顶，一只猫在树下的地上。老鼠每天下滑 1/2 英尺，晚上又往上爬 1/6 英尺。猫每天往上爬 1 英尺，晚上又下滑 1/4 英尺。这棵树在猫和老鼠之间每天长 1/4 英尺，晚上又缩 1/8 英尺。试问猫要多久才能捉住老鼠？

猫在执着地追，老鼠在拼命地逃，大树每天还在长高，现实生活中不可能有这样的场景，但进两步退一步又是生活的常态。帕乔利的课上得好，孩子喜欢他，大商人爸爸也愿意和他聊天。这位商人和帕乔利分享了许多生意场上的成功和苦恼，他告诉帕乔利，**做生意就是要找到一切低价买入、高价卖出的机会，商人是为数字而生的，他们在决策和行动之前，必须把所有的利害关系都换算成数字，然后计算赚不赚钱。**大千世界变化多端，商人要用心观察，不停地记录和计算，记录得越清楚越好，即使有一万项交易也不能怕麻烦！所以商人就是长 100 只眼睛、100 个脑袋、100 双手都不够用！

换言之，一个商人必须是敏捷的记录员和精明的数学家。这些话在帕乔利的心中埋下了一颗种子，启发他思考商业活动和账目记录的关系。帕乔利认为，做生意要向公鸡学习，在所有家禽当中，公鸡是最警觉的，不论春秋冬夏，它彻夜警戒，一到天亮就打鸣，从不休息。商人就应该

像公鸡一样机警，每天都要记账，如果一天下来账目不清，那是不能上床去睡觉的。

启发帕乔利思考记账问题的第二个人是达·芬奇（1452—1519）。15世纪90年代，帕乔利应邀到米兰宫廷讲学，在这里他遇到了达·芬奇。那时候，达·芬奇正在为圣玛利亚大教堂绘制那幅后世闻名的画作《最后的晚餐》。两人很快成了好朋友，达·芬奇虽然对人体的几何和比例有着敏锐的直觉，但缺乏数学知识，帕乔利乐于分享，教他代数、几何和透视，达·芬奇则投桃报李，为帕乔利的新书《神圣比例》配上精美的手绘插画。

达·芬奇是历史上公认的一位旷世天才，在艺术、科学、工程等诸多领域都做出了杰出的贡献。这里要强调的是，达·芬奇本人就是一位敏捷的记录员，他同时代的人回忆说“达·芬奇有一种做记录的本能”，他在腰间挂了一本小本子，随时记录周边发生的事情和自己的观察，甚至动手画下来。直到今天，全世界的许多博物馆仍保留着达·芬奇的7000多页笔记，而这还不到他全部笔记的四分之一。

“在纸上做笔记”被后人认为是达·芬奇惊人创造力的一个重要来源。历史上采用达·芬奇这种做法的大有其人，例如大发明家爱迪生（1847—1931）也随身带着一个笔记本，随时随地记录观察、灵感和创意。爱迪生去世以后，后人在他的房间里发现了3500个笔记本，堆得像山一样！

读完这两个人的故事，同学们想想看，你可以怎样做？达·芬奇的

时代只能记到纸上，今天我们可以记录到电子设备上，记录和分析的过程更加方便。

回到帕乔利。他和达·芬奇两人有一段时间朝夕相处，常常在一起讨论问题，他们从人体的比例、对称，谈到了数学中的二分、两极、二元对立和二律背反。

达·芬奇认为："人有两面性，有善就有恶，有爱就有恨。它们不仅存在于我们的精神，也存在于我们的身体，很多时候，上就是下，宽就是窄。"

帕乔利回答说："《传道书》上也说过一模一样的话，有生就有死，有种就有拔，有悲伤就有欢笑，有推翻就有建立……"

“对，整个物质世界都展现了这种二元性。”

达·芬奇的回应启发了帕乔利把“二元对立”衍生到世界万物，包括他正在思考的商务记账领域。他意识到，**商人面对的利润和亏损，就是收入和开支的二元对立，这应该成为商业记录的支点。**

怎么记呢？这时候威尼斯人发明的记账方法，已经传到了意大利，但并没有大面积流行，帕乔利开始对这种方法进行梳理和总结。1494 年，他在自己写的一本书《数学大全》中将这种方法命名为“复式记账法”。

就跟公司一样，这种记账方法也是人类了不起的发明。它是公司会计制度的基础和核心，帕乔利对复式记账法的总结，推动了会计制度的建立和普及，所以后世将他称为会计之父。

你知道吗

凡是希望获得经营成功的商人，必须具备三个条件。其中最主要的是现款，或某些与此等值的经济实力。经商必备的第二个条件是：商人必须是精明的会计员和敏捷的数学家。经商必备的第三个即最后一个条件是：所有商业事物必须采取有条不紊的方式加以记录，使商人能一目了然地了解自己的经营活动。

——摘自帕乔利的《簿记论》

\ 5 / 复式记账法：一笔账要记两次

复式，就是一笔账要记两次的意思。帕乔利总结说：每一笔商业往来都要以相等的金额，同时在两个账户中进行双重登记，如果全部的业务都这样记录，那么商人就可以建立随时结算的体系，即随便什么时候都可以算出一个利润的准数。

在任何一个公司，都会有一群人在时时刻刻记录公司的每一笔交易，这就叫记账。按照复式记账法，每一笔交易在记录的时候都会写在两个地方，一笔为“借”，一笔为“贷”，金额相同。“借”和“贷”在这里失去了它们字面的意义，变成了会计专用的语言，可以简单理解为“增加”和“减少”。至于哪个表示增加，哪个表示减少，要看账户的具体情况。

举个简单的例子，比方说“古怪精灵机器人有限公司”花 10 块钱买了一台机器。这件事情，就会在资产账户中被记录成“借：固定资产（机器）10 元”，在现金账户中被记录成“贷：现金 10 元”。什么意思呢？“借”这笔会计记录的意思是说，“古怪精灵机器人有限公司”增加了价值 10 元的机器类固定资产，第二笔记录的意思是说买机器时因为付了钱，所以公司的现金减少了 10 元。这样每一次都用一正一反记账的方式就是“复式记账法”，这样记账的好处就是在任何时候，所有“借”的项目之和应该等于所有“贷”的项目之和，即“有借必有贷，借贷必相等”。万一什么时候，“借”的总数跟“贷”的总数不一样了，做账的人可以立刻发现有什么地方搞错了，然后立马改正，是不是很聪明的发明？

回到我们前面讲过的例子，你今天花了 5000 块钱买了股票，用流水账的记法，你记下“买了 5000 块钱股票”就行了。但如果用复式记账的话，你必须同时记下两项，一项是从现金账户减少 5000 元，记为“-5000”，另一项是在投资账户增加 5000 元，记为“+5000”。这两个不同账户里的 5000，也就是一借一贷，如果把“你”换成一家公司，每笔账都这么记，就是复式记账法了。

同时记两笔账，
借贷相等，账就不会出错啦！
借
公司资产
增加啦！
贷
公司现金
减少啦！

\ 6 / 从三张表就能看出公司赚不赚钱

从某种意义上来说，会计是商业的语言，也是世界上最通用的语言。它的神奇之处在于，可以把成千上万笔的账目记录汇总，通过汇总，一个公司复杂的经营活动就能总结成三张表，每张表就一页纸。任何懂会计的人只要看了这三页纸，就像用 X 光机透视人体一样，立刻就能知道这个公司运营得好不好、赚不赚钱。

这三张表的名字叫**“资产负债表”、“利润表”**和**“现金流量表”**。

为什么我们要把这三张表的名字列出来呢？因为能阅读这三张表是管理公司最最重要的技能。同学们如果立志将来开公司创业或者当职业经理人管理企业，就要学会看这三张表。你们的爸爸妈妈可能会买卖股票，买卖股票就要了解股票代表的公司好不好，了解的第一步也是看这三张表。

我们先来简单介绍第一张表“资产负债表”。

资产负债表就像公司在某个时间拍的一张照片，它让你看到的是一家公司在那个时间的模样状态。如果我们把这张表从中间切开分成两半，左边的一半告诉你这家公司有什么家底，这叫资产，比如厂房、机器、现金等等都是资产；右边的一半告诉你买这些家底的钱是从哪里来的，这些钱只有两个来源，要么是股东投资的，要么是找人借的，借来的钱叫负债，股东投资的叫所有者权益。所有的资产加起来等于负债和所有者权益两者的和。

资产负债表

2021 年 6 月 1 日

<table>
<tr><td rowspan="2">资产</td><td>负债</td></tr>
<tr><td>所有者权益</td></tr>
</table>

第二张表叫“利润表”，它记录一个时间段内，公司赚了多少钱。利润表长得好像同学们常见的减法竖式，分上中下三部分，上面的部分是销售收入，中间部分是成本，收入减去所有的成本之后，就是最下面的利润。

利润表

2021 年 1 月 1 日— 2021 年 12 月 31 日

	营业收入
减	营业成本
减	各种费用
减	所得税
=	净利润

第三张表叫“现金流量表”。现金被称为公司的血液。现金在很大程度上决定了企业的生死。现金没了，就好像人体的血流干了一样，企业就死了。现金流量表记录的是一个时间段内，现金流入和流出时公司的变化情况。流入多于流出表示企业现金越来越多；流出多于流入表示企业在“失血”当中，公司管理者得赶快想办法。

现金流量表

2021 年 1 月 1 日— 2021 年 12 月 31 日

	期初现金金额
加	经营活动现金流入
减	经营活动现金流出
加	投资活动现金流入
减	投资活动现金流出
加	筹资活动现金流入
减	筹资活动现金流出
=	期末现金金额

人们常常把创业比作在大海里航行，把公司比作在大海里航行的船，把企业家比作驾驶这艘船的船长。同学们肯定知道，船长驾驶船舶航行的时候，会根据仪表盘的指标来判断方向和速度。而我们前面讲到的三张财务报表就是公司管理者的仪表盘。如果公司管理者不懂这三张表，

就好像一个船长没有仪表盘，却要在波涛汹涌的大海里航行，你说危不危险？

你知道吗

某家便利店里，店员当天采购的100盒便当，刚到中午就被顾客全部买光，他得意扬扬地等着老板晚上检查工作时表扬他。没想到，老板听了他的汇报暴跳如雷："你是怎么想的？你连做生意的基本道理都不懂吗？"

究竟是哪里出了问题呢？

原因就在于这位店员错失了商机。如果当时采购的是200盒，说不定能卖出更多。公司会将错失的商机转换为数字，作为亏损入账，这就是"机会成本"。

——摘自《卖晾衣杆的小贩为何不会倒》

\ 7 / 为什么一定要懂点会计知识?

在帕乔利总结了复式记账法之后，会计学就正式诞生了。欧洲各国开始陆续建立大量的会计学校，先是意大利，然后是荷兰、苏格兰、英格兰等西欧国家。在 16 世纪晚期，荷兰超越意大利一度成为世界会计的中心。因为发达的会计制度，荷兰也诞生了全世界第一家股票交易所以及后来世界闻名的东印度公司，有诗为证：

这就是名震一时的伶俐发明，
让威尼斯、热那亚与佛罗伦萨，
以及西欧沿海地区得以繁荣富庶，
而此刻这项技术也造就了荷兰的兴起与强大。

诗中所说的伶俐发明和技术指的就是复式记账法。

继荷兰之后，英国也大范围普及复式记账法。到了 18 世纪末期，英国有大量专门的会计学校，不断地向社会输出懂得科学记账的专业人才。

英国人认为，**只要去经商，就必须学会计。懂得会计知识的人才能管理自己的事务，才能成为社会的治理阶层**。也有历史学家认为，英国获得强大商业能量和工业崛起的主要原因，就在于它超越荷兰成为会计文化的新中心。

会计普及的影响十分深远。因为记账准确，每一笔资金的回报率都可以追踪，每一个公司的运营情况可以通过三张报表来进行审视和评价，任何感兴趣的人都可以查看。这种透明度增加了投资人的信心，所以有更多的人，甚至连一个公司的老板都不认识，他也可以放心地把钱投入这家公司。而公司有了更多的钱，就能更快地扩张，把生意做得更大，这就为现代股份制公司的出现奠定了基础。

股份制公司在欧洲的兴起，随即推动了世界贸易的第一波全球化。当时最成功的东印度公司，是全世界最大的公司。它的公司标志就是一个人的画像，这个人“左手拿着账本，右手拿着刀剑”，账本代表对利益的计算和追求，这是贸易的真正动力，而刀剑则代表武力，是海上航行的护卫。凭借账本和刀剑，东印度公司把贸易做到了全世界。

1492 年，哥伦布发现了新大陆，人类开启了大航海时代。哥伦布曾先后四次横渡大西洋，这需要大量的融资和借贷。1492 年，当西班牙女王答应资助哥伦布出海之时，她给哥伦布的船队派去的第一名心腹，也是唯一一名心腹，就是一名会计。亲兄弟明算账，这个会计负责记录航海的开支，计算出航行的成本，这是哥伦布的船队和女王分配航海收益的依据。

可以说，没有复式记账法，就不会有哥伦布大航海，也不会有美洲大发现。

\ 8 / 成功的商人都是从学习记账开始

著名的经济学家熊彼特（1883—1950）认为资本主义起源于复式记账法，复式记账法是资本主义“高耸入云的纪念塔”，还有学者认为，没有复式记账法，就根本不会出现现代商业。

历史上很多成功的商人也是从学习记账开始的。美国的石油大王洛克菲勒（1839—1937）在六七岁的时候就有了第一本专门“记账本”，7岁的时候，他卖了一只自己饲养的火鸡，认认真真把账款记了下来。他16岁参加工作，第一份工作也是在公司记账。洛克菲勒在自传当中坦言，他后来能掌控一个庞大的石油帝国，成为当时全世界最有钱的人，终身受益于会记账，看得懂账本。

就像帕乔利说的，洛克菲勒是像公鸡一样机警的商人。有一次这位世界首富去视察自己的一家工厂，这家工厂的主要业务是将煤油装进桶里，然后密封起来。洛克菲勒在一台机器前面停下了脚步，他问流水线上的专家，需要几滴焊锡才能封上一个油桶，那位专家回答“40滴”。

“那试过38滴吗？”

专家摇摇头。

“那就试试吧，用 38 滴焊锡，然后将结果告诉我。”

这位专家经过检测，向他报告用 38 滴会漏油，但 39 滴就不会。洛克菲勒马上算了一下，一桶油如果节省一滴焊锡，每年整个集团将节省 2.5 万美元。他立刻下令，石油集团所有炼油厂都采纳这个标准：用 39 滴焊锡密封油桶。

最后我们再回忆一下，这一章我们讲的复式记账法，就是**一笔账至少在两个账户记录两次**。记录两次——这听起来、说起来都好像平淡无奇，但就是这个小小的创新大大地改变了世界，你说神奇不神奇？会记账、会看账本，这是我们开办企业的基本技能，也可以说是“硬”技能，但要办好企业，还有一项“软”技能至关重要，那是什么呢？我们下一章见分晓。

画重点

- ☑ 人类最早最重大的发明，无论是结绳记事，还是文字和货币，都和记账有关。
- ☑ 把账算清楚，把钱分公平，商业才得以发展。
- ☑ 14 世纪的时候，威尼斯商人在记账和计算方面，已经是全世界领先。
- ☑ 做生意就是要找到一切低价买入、高价卖出的机会，商人是为数字而生的，他们在决策和行动之前，必须把所有的利害关系都换算成数字，然后计算赚不赚钱。
- ☑ 商人面对的利润和亏损，就是收入和开支的二元对立，这应该成为商业记录的支点。
- ☑ 每一笔商业往来都要以相等的金额，同时在两个账户中进行双重登记，如果全部的业务都这样记录，那么商人就可以建立随时结算的体系，即随便什么时候都可以算出一个利润的准数。这就是复式记账。
- ☑ 一个公司复杂的经营活动可以总结成三张表，它们的名字是：资产负债表、利润表和现金流量表。阅读这三张表是管理公司最重要的技能。
- ☑ 只要去经商，就必须学会计。懂得会计知识的人才能管理自己的事务，才能成为社会的治理阶层。
- ☑ 历史上很多成功的商人是从学习记账开始的。

第4章

怎样领导一群人？

\1/ 在一次失败的探险中展现的杰出领导力

你肯定听说过牛顿、达尔文、莎士比亚，他们都是大名鼎鼎的英国人。近代英国作为工业文明的肇始之国，其杰出人物可谓群星璀璨。2002 年，英国广播公司（BBC）举行投票，评选出 100 名历史上最伟大的英国人。在这份榜单中，达尔文排第四，牛顿才排第六，可出人意料的是，一个名叫欧内斯特·沙克尔顿的人竟然排到了第十一位。

这个沙克尔顿是谁啊？相信很少有人听说过，他凭什么可以排在青霉素的发现者弗莱明、计算机先驱图灵、电磁学家法拉第、文学家狄更斯这些伟人的前面？

沙克尔顿是一名探险家，以一次探险名垂青史。更让人意外的是，这是一次失败的探险！但在这次探险中，沙克尔顿展现了杰出的领导力，时至今日，他带领团队在南极绝境求生的故事已经进入了全世界各种领导力和创业培训的教材，被无数读者广为传诵。

故事是这样开始的：在 20 世纪初期，地球上的南极和北极还非常神秘，很少有人去过，沙克尔顿决定敢为天下先：徒步穿越南极。俗话说，一个人走得快，一群人才能走得远。沙克尔顿也懂这个道理，于是决定招聘团队。1914 年初，他在《泰晤士报》上发布广告：“征召人员赴南极探险，薪酬微薄，需在极度苦寒、危机四伏且数月不见天日的地段工作。不保证安全返航，如若入选，唯一可获得的只有荣誉。”

没想到这则广告刊登后，短短几天竟有 5000 多人来应聘。经过严格的挑选，作为船长和老板的沙克尔顿最后确定了 27 名船员。在经过 5 个月的集训之后，1914 年 8 月 1 日，沙克尔顿带领 27 位勇士乘木船从英国普利茅斯出发，开始了这段命运多舛的南极之旅。

沙克尔顿将这艘船命名为“坚毅号”（Endurance）。航行了 4 个多月，“坚毅号”到达了靠近南极的威德尔海，但在这里它陷入了冰川之中。“坚毅号”被浮冰团团围住，动弹不得，即使开足马力也冲不出去，船员们多次下到冰面上，试图凿出一条航道，但都以失败告终。

无奈之下，“坚毅号”只能随着浮冰一起慢慢漂移。

这一漂就漂了 5 个月，不仅要忍受持续数月之久的漫漫寒冬，还要忍受南极特有的极夜现象。设想一下，几乎 24 小时看不见太阳，这种黑暗、枯燥、孤独、绝望会不会把一个人逼疯？为了化解这些压力，沙克尔顿给大家安排了丰富的娱乐活动，他组织大家举办歌会、小品表演，还有扑克、国际象棋比赛，以及来到冰雪之上和狗组成的运动队进行对抗赛。

时间就这么一分一秒到了 1915 年 10 月 24 日，没想到更糟糕的事情

发生了："坚毅号"因为不断受到坚硬的冰层挤压，船体弯曲断裂，海水开始涌入。船员们急忙将船上的物资与三艘救生船转移到冰面上，并试图修补断裂处。

忙活了三天，救援行动最后失败了。在28双眼睛的注视之下，"坚毅号"慢慢沉入海底。

没有了船，就没有栖居遮蔽之地。沙克尔顿和他的队员就这样被抛进了南极的冰天雪地之中。

没有太多选择，沙克尔顿决定带领团队扛着行李和三艘救生船，徒步穿越冰雪。在食品、衣服、遮蔽物都十分短缺的情况下，他们每天在冰雪中负重行进，体能消耗非常大，算下来，一天连3千米都走不到。最后，沙克尔顿指挥全体队员登上了一块巨大的浮冰，他决定在这块浮冰上驻扎下来，让团队休息一段时间。

图 4-1　“坚毅号”被浮冰包围，图片来源：www. pinterest.com。

这期间有船员表示不满，其中一名 50 多岁的老船员鼓动大家拒绝沙克尔顿的命令。

他公开叫嚷：“‘坚毅号’沉没之后，沙克尔顿就不是船长了，我们也不是船员了，没有义务听从沙克尔顿的命令。”

这严重挑战了沙克尔顿的权威。

在南极这样的严寒之地，队伍中的任何争吵、脱离、对抗都可能导致有人死亡。沙克尔顿没有慌，他召集所有人，对他们大声朗读了船员管理条例，并且告知他们，大船沉没了，救生船还在，他的权力会一直行使到大家安全抵达港口，在那之前所有人都要听他的指挥。在沙克尔顿的雷霆行动下，这场风波很快过去了。

这营一扎就是 5 个月。这 5 个月中，他们的食品几乎都被吃光了，燃料也越来越少，饥饿和寒冷时时刻刻折磨着每个人，他们只能靠企鹅

肉与冰雪来维生。虽然沙克尔顿与船员一样身心疲惫，但为了鼓励船员的斗志，沙克尔顿仍然谈笑风生。他不时跑到冰面上，像企鹅一样跳起笨拙可笑的舞蹈，给大家活跃气氛。

时间慢慢过去，他们随着浮冰漂浮到较开阔的水域，在这个过程中浮冰不断地碎裂，变得越来越小，终于在 1916 年 4 月 9 日那天，浮冰彻底碎裂了。这个时候，沙克尔顿把从“坚毅号”上搬下来的三艘救生船放到了冰雪混杂的水中，28 个人登上了小小的救生船，然后开始拼命地划行。

划了七天七夜，他们登上了离他们最近的一座小岛。

这是一座只有石头和冰雪的荒岛，在地图上有一个名字，叫象岛。沙克尔顿知道，留在象岛最终会是死路一条，要回到文明世界就必须走出象岛寻求援助。他挑选了 5 名最强壮的船员，准备带领这支小分队去寻找救援。这些人登上了三艘救生船里最大的一艘，说是最大，但从头到尾也就 6 米多一点，还没有一辆大巴车长。

1916 年 4 月 24 日，这 6 名勇士出发了。他们的目标是离象岛最近的南乔治亚岛，沙克尔顿知道，那个岛有人，也有更大的船。

临行前，沙克尔顿秘密写下了一张字条，交给一位船员，相约 20 天后如果他不能返回时再打开。字条上写着："我一定会回来救你们，如我不能回来，那我也尽我所能了。"

这艘 6 米长的船，就是放到小河里也显得不够大，沙克尔顿他们却要靠它横渡世界上最凶险的海域之一，而且他们距离南乔治亚岛有 1000 多千米，困难可想而知。

这是一趟更为凶险的航行。"平均每隔三四分钟就要被浇一身水，不管白天还是晚上，都是如此，非常寒冷。"

历经千辛万苦，到了 5 月 10 日，6 个人总算抵达了南乔治亚岛南部的哈康王湾。南部是正对南极的方向，不幸的是，南乔治亚岛唯一有人的地方，是一个捕鲸站，它在岛的北部。

从南到北有两个办法。一是坐船绕岛环行半周；二是徒步穿越从未被开发的岛上石块和丛林。此时那艘 6 米的小船已经破败不堪，环岛航行根本不可能，沙克尔顿决定步行穿越。因为队员实在过于疲劳，沙克尔顿将 6 个人分成了两拨，状况差的 3 个人留在原地，他自己带两个人于 5 月 18 日出发，开始徒步横穿南乔治亚岛。

走了两天，5 月 20 日，3 个人成功到达北部捕鲸站。当他们出现在捕鲸站渔民的面前时，沙克尔顿破烂的衣服、蓬头垢面的样子让渔民都惊呆了。沙克尔顿稍作休息，就驾着捕鲸站的船，来到了岛的南部，和 3 个虚弱的同伴会合了。

在这里，我们附了一张地图。同学们可以看一下这张地图：地图上的 A 线是“坚毅号”从南乔治亚岛出发后向南极进发的航线；B 线是“坚毅号”被浮冰困住，随冰层漂流的路线；C 线是“坚毅号”沉没后，全体队员登上浮冰漂流及浮冰碎裂后，救生船航行七天七夜到达象岛的路线；D 线是沙克尔顿一行 6 人，驾驶小船去南乔治亚岛求救的路线。

图 4-2 “坚毅号”脱困路线图。

从象岛到南乔治亚岛直线距离 1320 千米，大致相当于从北京到上海的距离，也就是 D 线所代表的长度。

沙克尔顿的下一步，是要回到象岛，因为那里还有 22 名队员。这次的营救行动更为曲折。他总共尝试了四次靠近象岛。第一次，他在南乔治亚岛借了一艘捕鲸船前往象岛，结果在离象岛 110 千米的地方被巨大的冰层阻挡，无法前进，只好无功而返。第二次，沙克尔顿在南美洲的乌拉圭借了一艘拖船，结果又被冰层阻挡，黯然回头。第三次，沙克尔顿跑到智利借了一艘帆船，结果还是被冰层阻挡，再次中途折回。这时已经到了 8 月中旬，距沙克尔顿一行 6 人离开象岛已经 3 个多月，沙克尔顿心急如焚，他又想办法从智利政府借到一艘小型拖船，再次向象岛出发，这次好运终于降临，他成功抵达象岛附近。

象岛越来越近，他拿出望远镜，仔细扫过岸上的每个人。他们须发蓬乱，衣服又脏又烂，经过 700 天的极地生存，即使是家人也没办法一下子认出他们。

沙克尔顿当然记得每一个人，他着急地数着：

1、2、3……22！

“他们都在那里！他们全都在！”沙克尔顿狂喜而泣，向营救船上的人们反复大喊。

至此，“坚毅号”的 27 名船员全部获救。

事后有人问及这些船员，是什么样的力量让他们在枯坐、干等中支撑了 149 天，其中一个船员说：“我们坚信沙克尔顿一定能成功，他有这个能力。万一他失败了，我们也坚信他尽力了……”这位船员的话与那张根本没打开的字条出奇地相似。

从 1914 年 8 月 1 日起航，到 1916 年 8 月 30 日救出所有队员，沙克尔顿这次探险活动历时两年零一个月，他带领的团队经历了外部自然绝境与内部冲突危机的重重考验，最后全部队员奇迹般生还。

图 4-3　包括沙克尔顿在内的“坚毅号”勇士，图片来源：Lifedaily.com。

与此形成鲜明对比的是，1913 年 8 月 3 日，有一支加拿大探险队向北极出发，他们的两艘探险船，也像“坚毅号”一样被困于坚硬的浮冰当中。为了生存，这支探险队的成员也做了很大的努力，但他们的船长面对困境的领导方式，却和沙克尔顿大相径庭。在探险队停留在冰上的几个月里，撒谎、欺骗和偷窃现象屡见不鲜，队员们最后变成了一群散漫、自私的乌合之众，最后四分五裂，分道扬镳，11 名探险队员全部死在了荒凉的北极地带。

回答开头的问题，英国人认为沙克尔顿是一个非常了不起的领导，所以把他排到了英国历史上最伟大人物的第十一位。

2 创业就像探险，需要一个强有力的领导

创业，就跟南极考察一样，也是一场艰巨的探险。

很少有一个人的公司，公司几乎都是由一群人组成。一群人就需要管理，一群人就需要有领导。一个新的公司刚成立的时候，创始人要通过招聘组建团队，就像沙克尔顿招聘船员一样，这个团队得有各种各样的人才，水手、木匠、机械师、救生员等等。这跟我们的一个班集体是一样的，50位同学性格、特长都不一样。

一个新公司的首要目标不是成功，而是活下来。有人对2013年中国新成立的高科技初创公司做了统计，结果发现在2015年年底的时候，已经有91%的企业不存在了。仅仅两年时间！这就意味着，一个公司的领导者，要带领团队在两年内跨越“死亡之海”，这和沙克尔顿面临的挑战何其相似。

极低的成功率促使人们反思，为什么沙克尔顿在那么艰难的情况下能救走所有的船员，而很多企业两年都撑不住，沙克尔顿身上到底藏了什么秘密？他的故事会给创业者什么样的启示呢？

已经有不少专门的论文、著作对沙克尔顿的领导力进行分析。他们认为，关键有两点：

一是在他领导下，团队实现了非凡的协作。沙克尔顿不断强化团队的观念，他反复强调“我们是命运共同体，我们生死与共”。

在“坚毅号”沉没之前，每天晚饭后，沙克尔顿都会召集所有人到他房间，自由讨论，促进团队社交纽带的建立。在船就要沉没的前一晚，他提议所有人郑重其事地理一次发，让大家意识到他们拥有共同的身份。在冰上露营时，所有帐篷要搭在一起，有人值班，有人睡觉。他几乎做任何事情都是为了促进团队的合作。也正是因为沙克尔顿的一言一行都体现了团队精神，所以探险队在几次被迫一分为二时，“留守人员”也丝毫不担心被同伴抛弃。

二是作为一个成功的领导者，沙克尔顿能够创造一种情境，让团队成员可以心情愉悦地工作，换句话说，跟他在一起，队员们能感到开心、鼓舞。

在“坚毅号”沉没之前，探险队在甲板下方一个被戏称为“丽兹酒店”的区域举行联欢会，队员们一起设计戏服，表演小品，互相调侃玩笑。在扎营的5个月中，虽然前途未卜，根本看不到光明的出路，沙克尔顿一直保持精神振奋，并且不时在冰上翩翩起舞。在那样令人沮丧甚至绝望的环境中，还能保持如此积极乐观的精神，实在难能可贵。沙克尔顿心里很清楚，要探险就必须要有乐观精神，他要求自己在任何艰难的情况下，都要找到开心的事情来庆祝，找到有趣的事情来逗大家笑，他将**“你要非常乐**

观”确立为探险队的一项核心原则。今天我们有很多人读了大学，读了研究生，具备了专业知识和技能，但是却非常缺乏乐观和幽默的精神。

当然，具备了以上两点并不能保证你就是一个好的领导。那么到底要具备什么样的能力才算一个好领导呢？

\ 3 / 领导力的关键：激励他人完成任务

很多同学都有过当班长的经历，在大多数人眼里，当班长是件很酷的事情，可以指挥别人，很威风，很有成就感。班长手中的确是有一点点小权力的，可是如果你认为当班长就是指挥别人、发号施令，那你的理解就大错特错了。

当班长也是件很不容易的事，你得让别人听你的，不能有事都去找班主任找老师吧？你还得有本事让人家愉快地听你的，要不然，每次都得动用班长的权威，下命令，是不是太无趣了？

让我们来看看一个公司的管理者是怎么做的。

华特·迪士尼（1901—1966）是迪士尼乐园的创始人和总经理。

有一天，一个男孩问他："那些米老鼠都是你画的吗？"

华特·迪士尼在回忆录中说："那一刻，我被问住了，我有一点尴尬，只能承认我已经不画画了。"

"他又问我：那米老鼠那些好笑的故事和点子都是你想出来的吗？我只能又告诉他说，这些点子也不是我想出来的。这时候小男孩用困惑的表情看着我，他接着问：那迪士尼先生，你的工作到底是干什么的？”

华特·迪士尼想了想，然后他是这样回答这个男孩的：“我的工作是激励、启发所有的人，我就像一只小蜜蜂飞来飞去，收集传播花粉，把一些新想法播种到他人的头脑中，我想这就是我的工作。”

你读过《小王子》吗？

这是法国作家埃克苏佩里的经典童话作品，这部作品享誉世界，值得一读再读。涂老师和郦老师都非常喜欢这本书。实际上不仅仅是孩了，成年人同样可以阅读童话。书中有一句话和迪士尼的回答如出一辙，耐人寻味：

如果你想造一艘船，你先要做的不是催促人们去收集木材，也不是忙着发布命令，指挥他们做这个做那个，而是要激起他们对浩瀚大海的无限向往。

这句话直指领导力的核心。如果大家都在造船，有人在设计图纸，有人在收集木材，还有人在敲敲打打、装配零件，那一个领导应该做什么呢？一个好领导不应该做这些具体的事情，掌握建造一艘帆船的知识和技能固然重要，但却不是一个好领导最重要的技能。作为一个好领导，最重要的技能是：**激起所有团队成员对浩瀚大海的无限向往，让他们饱含热情和梦想地工作，直到大船造成为止！**

也就是说，一个好的领导，最重要的不是懂得如何完成一项具体的任务，例如设计驾驶舱、打造甲板、制造风帆，而是要懂得如何调动团队成员的积极性，激励其他人克服困难，共同去完成任务。其中，有三种能力至关重要。

\ 4 / 沟通力：传递信息、思想和情感

一个好领导，首先要有很强、很强的沟通能力。

所谓沟通，就是为达到一定的目的，将信息、思想和情感这三样东西，在人和人之间进行传递。同学们注意了，是三样东西，既有信息，还有思想和情感。

作为一名领导者，不管你有多么超前的眼光，有多么灵验的方法，你必须首先把自己的意图和想法告诉下属，并了解下属的想法和意愿。这就要求领导者必须具备一定的沟通能力。特别是创业公司，它面对的是未知的航行和探险。一个初创企业的领导者，必须向下属和团队勾勒出清晰的未来愿景，确定前进的方向，并善于与下属交流愿景和方向，获得下属的认同、信任和发自内心的追随。

180 年前，在维也纳总医院的妇产科，有一位年轻的医生叫塞麦尔维斯（1818—1865）。当时维也纳医院的妇产科有两个部门，一个部门由医生给产妇接生，而另一个部门只有护士接生。但奇怪的是，由医生接生的部门，产妇死亡率是 12%，而由护士接生的部门，死亡率仅仅是

3%。塞麦尔维斯在思考和追踪中发现，产妇死亡的真正原因是医生的手上沾染了不干净的东西，他们在解剖完尸体后，不洗手就直接去给产妇接生，而护士的手上没有！

这个不干净的东西，现在我们知道叫“链球菌”，但在当时，人类还没有发明显微镜，完全看不到细菌。

于是塞麦尔维斯向医院提出要颁布一项新的规定，要求医生在对产妇进行检查之前一定要用氯液洗手。这在今天是一个常识，但在当时，大部分人都不相信塞麦尔维斯。

争执非常激烈，塞麦尔维斯公然指出：“正是我们产科医生自己受污染的双手和器械，将死亡带给了产妇。”

听者一片哗然。

“你妖言惑众！我们是拯救产妇的人，怎么可能会把死亡带给他们！”

不幸的是，虽然塞麦尔维斯竭尽所能地传播真相，可是他缺乏沟通的技巧，他没有办法说服身边的人，大家都抗拒他的说法，更别说不认识的人了。塞麦尔维斯讲破了嘴皮子也没用，讲得越多，听的人越反感，没有一个人用行动对他表示支持。

毫无疑问，塞麦尔维斯拥有扎实的专业知识和敏锐的头脑，他是一名优秀的医生，但他不是一个优秀的沟通者。一个优秀的领导者，不仅要有能力识别、坚持正确的东西，还要有沟通的能力，让别人加入你的阵营，一起来宣传。

大家都排斥塞麦尔维斯的说法，他本人也因此郁郁不乐，最后死在精神病院。如果大家能接受他的建议和观点，不知道有多少产妇能避免死亡，当时医学的发展还可能提前 50 年。

可见，**一个好的沟通者不仅仅是把正确的信息说出来就完了，还要和听众建立强有力的情感联系，并获得听众的积极反馈，形成共同的信念。**如果仅仅是“传递信息”，那不是沟通；“传递信息”通过一次广播、一个喇叭就能做到。

\ 5 / 影响力：让团队成员听你的

第二个重要的能力，是影响力，就是你要能影响其他人，让团队成员听你的，跟你走。

这种能力越强，一个人的领导力就越强。

影响力的核心是“权威”，关于权威的大小，管理学里有一个著名的公式：

领导的权威 = 职位权力 + 个人威望

其中，职位权力是一个组织赋予的，即你的官越大，权力也越大，但一旦失去官位，权力也同时丧失。个人威望则不同，这种影响力是由一个人的素质和人格魅力所产生的。

影响力也包括激励的能力。领导负责制订计划、分配任务、现场指挥，但这仅仅是一个开始，大家在干的过程中，会碰到困难，很多人会因为困难失去信心，从而半途而废，导致任务失败。如果领导者能给予充分的激励，团队就能重新鼓起勇气继续干下去。沙克尔顿的乐观主义精神，让他在非常困难的情况下，也会去找开心的事情来庆祝，去发现有趣的事情来活跃气氛，这就是正面影响、激励团队的方法。

戴尔是一家电脑设计和销售公司，2018 年在世界 500 强企业中排名第 93 位，它是由迈克尔·戴尔在 1984 年创办的。

戴尔就是一个善于使用影响力的高手。他在决定一个大的战略方向之后，就会想尽办法来影响员工，带领全公司彻底执行。

一个经典的例子是戴尔带领员工拥抱互联网的理念和方法。这可是在 20 世纪 90 年代初期，互联网刚刚兴起的时候发生的事情。戴尔那时就意识到，互联网会彻底改变人的生活方式与工作习惯，而且会帮助他卖出更多的电脑。为了让全体员工重视互联网，戴尔在公司内部到处张贴他亲自设计的一张大海报，在这张海报上，戴尔做出特别酷的表情，半侧着身子，右手指向画外的员工，海报上印着几行大字：MICHAEL WANTS YOU TO KNOW THE NET！（迈克尔希望你把互联网搞懂！）

借助这张调侃式的海报，戴尔的员工很快普及了互联网的意识和应用。戴尔是美国最早实现大批量订单网上处理的公司，它的大多数管理措施都可以在网上执行，这在当时是非常罕见的。

图 4-4 这张海报模仿了美国的征兵广告，让人看了想笑，不知不觉就把戴尔想传达的信息记到了心里。①

你知道吗

人们更愿意帮助那些自己喜欢的人。

——摘自《影响力》

① 左边的模仿海报，来自戴尔个人的推特账号。美军招募海报，来自史密森尼博物馆，作者 James Montgomery。

\ 6 / 协调力：讲故事胜于讲道理

最后一个重要的能力是协调力。一个领导常常会碰到下属之间发生矛盾，甚至吵架的情况，原因可能是彼此争夺一份功劳，或者是推托一个责任，最后一定会吵到你这里来，作为领导，你应该如何处理呢？

一般情况下，你可能会给他们讲道理，对的表扬，错的批评，但我们告诉你，这种方法试过的人都知道，不太管用。

我们现在要告诉你一个很多人不知道，却很管用的方法。

在一个公司，有两个部门的经理经常吵架。有一天，他们在会议上又当着总经理的面吵了起来，总经理没有评判谁对谁错，还给他们绘声绘色地讲了一个故事。

“有一座大楼着火了，里面困住了很多人，楼的前后各有一条通道可以逃生。消防员赶来救火，发现只能救楼前面的人，对楼后面的人则无能为力。困在楼前面的人看到消防员奋不顾身地冲进来，而困在楼后面的人，却根本看不到消防员的身影，只听到一两个消防员的喊话，还听不清楚。幸运的是楼后面的人最后也安全撤离了，但他们非常生气，他们批评消防员毫无作为，说上至队长下至队员应该统统解雇。困在楼前面的人听了大吃一惊，他们反驳说：‘这些消防队员冒着生命危险救我们，他们是英雄，你们乱说，太不负责任了！’”

讲到这里，总经理问两位部门经理，这两拨人谁说得对呢？

两位经理异口同声地回答：“都对！”

“没错！”总经理说，“你们俩吵架，各有各的道理，但是你们只看到了一枚硬币的一面，无论我说什么，都很难帮你们看到硬币的另一面，我希望你们两个一起探讨，帮助对方看到硬币的另一面。如果每次遇到问题都到我这里来吵，你们就会丧失深入了解对方的机会。相反，如果你们能坐在一起协商，就会了解到对方的意见其实也有道理，你们能学到新的东西，这样对公司也更有价值了。”

这个总经理处理下属争议的过程，没有用下命令的口气，也没有直接说“你对，他错”，如果那样的话，两个人可能都不会服气。他仅仅通过一个故事，就引导了下属认识到自己的问题。

在处理别人矛盾的时候，讲故事比讲道理管用。作为一个优秀的领导，面对下属之间的矛盾，你要做的不是直接给他们一个谁对谁错的答案，而是引导他们自己找答案。一个人自己找到的东西，他才会信服。讲故事，是实现这个目标的非常好的手段和工具。

讲到这里，同学们可能已经意识到了，一个好领导，要懂得讲故事，会讲故事是沟通力强的一个表现。那故事从哪里来呢？就从我们的日常生活中来。我们经常听故事、读故事，碰到好的故事，我们就要

记下来，并学会讲出来，特别是一些幽默好笑的故事。

林肯通常被认为是美国历史上最伟大的总统，他就非常懂得用幽默和故事来化解矛盾。曾经有人非常憎恨林肯，公开提出要跟林肯决斗，林肯同意了，但他说他不想用刀作为决斗的武器，也不想用枪。他很认真地跟对方建议说，咱们比赛每五步捡一次牛粪如何？对方本来非常生气，一听到这句话，忍俊不禁笑了起来，一句幽默就这样化解了一场生死矛盾。

沟通力，影响力，协调力，是一个好领导必须具备的三种能力。这

三种能力都是和人打交道的能力，这是一种软实力，和你会解答一道数学题、会做一个物理实验、会编写一段程序和代码是完全不同的。有些人很会做题，考试的时候如鱼得水，但在现实生活中和人打交道却四处碰壁，没人听他的，这样的人很难成为一个团队的领导。

要成为一名企业家，你就要学会如何和一群人打交道，通过沟通、影响、激励、协调，把他们变成一个对任务真正充满激情的强大的团队。

画重点

- ☑ 英国人认为沙克尔顿是一个非常了不起的领导，所以把他排到了英国历史上最伟大人物的第十一位。
- ☑ 一个新公司的首要目标不是成功，而是活下来。
- ☑ 沙克尔顿领导力的关键有两点：一是在他领导下，团队实现了非凡的协作；二是作为一个成功的领导者，他能创造一种情境，让团队成员可以心情愉悦地工作。
- ☑ 一个好的领导，最重要的不是懂得如何完成一项具体的任务，而是要懂得如何调动团队成员的积极性，激励其他人克服困难，共同去完成任务。
- ☑ 一个好领导，首先要有很强的沟通能力，就是为达到一定目的，将信息、思想和情感这三样东西，在人和人之间进行传递。
- ☑ 领导的权威 = 职位权力 + 个人威望
- ☑ 一个好领导第二个重要的能力是影响力，就是你要能影响其他人，让团队成员听你的，跟你走。
- ☑ 一个好领导最后一个重要的能力是协调力。

第5章

创业需要不怕失败

\1 / 屡败屡战的华特·迪士尼

同学们可能去过迪士尼乐园或者看过迪士尼公司拍的电影。迪士尼的创立者华特·迪士尼因为无与伦比的艺术想象力和创造力，曾经被世界电影界的最高奖项之一——奥斯卡金像奖提名59次，并获奖22次。这一获奖纪录至今无人能打破。除了艺术创作上的伟大成就，华特·迪士尼还被认为是20世纪最成功的企业家之一。

但你知道吗？华特在成功之前经历了一系列的失败。

华特从小对画画有着浓厚的兴趣。1919年，18岁的华特进入普雷斯曼鲁宾商业艺术工作室当学徒，学习为商业图书的文字配上插图。第二年，他和好朋友合伙开了个小型广告公司，但不到一个月时间，就因为缺少顾客经营不下去了。华特的第一次创业就此失败。

首次创业失败的华特进入了一家电影广告公司——堪萨斯城电影广告公司工作。在那里，他第一次接触到卡通电影并学习了先进的卡通制作技术。华特创作了几个卡通短片，很受观众欢迎，因此他极力建议老板，扩大卡通短片的创作，通过卖给电影院放映赚钱，但老板对他的建议不以为然。

既然老板不想干，华特决定自己干。他用 1500 美元和堪萨斯城电影广告公司的同事弗雷德·哈曼合伙成立了自己的动画制片厂欢乐卡通公司。几经周折，华特在纽约找到一个大买家，签下一份 11000 美元的合同。合同规定，华特出售 6 部卡通片给对方，但他必须先交付作品，买家在合同生效 6 个月之后付钱。华特欣喜若狂，全身心地投入创作，没想到 6 个月后，买家宣布破产，而华特交付的 6 部卡通片早被对方拿去播映了。

华特意识到他上当受骗了。除了签合同时对方付的 100 美元订金，华特什么也没得到，算是空欢喜了一场。这第二家创业公司经此一役，元气大伤，很快陷入账务危机。公司员工相继离开，最后只剩下华特一个光杆司令。

因为没钱，华特的生活也变得落魄潦倒，有段时间连洗澡的地方也没有，只能每周去火车站洗一次热水澡。出了洗澡房，他呆呆地站在月台上，望着火车站的大钟，忍不住流下眼泪。

但没有想到的是，事情突然出现了转机。有位牙医来约华特，说要跟他谈合作。华特本人后来经常回忆人生的这一关键转机："这位先生想约我。我跟他说我出不了门，因为我唯一的一双鞋拿去修了。修鞋要 1.5 美元，而我拿不出这些钱，所以鞋被扣在修鞋铺里了。这位医生听了我的叙述就跑来找我，给了我修鞋的钱，还额外给了我 500 美元，邀请我制作一部宣传牙齿健康的影片。就这样，我暂时又摆脱了困境。"

拿到资金的华特突发奇想，决定将真人表演与动画结合在一起，他构思了全新的卡通电影《爱丽丝梦游仙境》。把真人放进卡通世界，这在当时是一个全新的创意，接受的人很少，华特四处写信推销这个新想法。纽约电影发行商玛格丽特·温克勒女士给他回信对这个想法表示了兴趣。她在信中说如果看到制作出来的片子，愿意和华特谈合作的条件。

温克勒的回信让华特看到了希望，他开始制作《爱丽丝梦游仙境》，并亲自在片子中扮演一个真人角色。但好景不长，影片完成一半时，华特花完了手中的所有资金，一分钱也可能难倒英雄汉，欢乐卡通公司最终宣布破产。华特的第三次创业又宣告失败。

欢乐卡通公司倒闭后，华特决定去好莱坞碰碰运气。他卖掉了自己的摄影机，换来一张单程火车票。当他到达好莱坞的所在地洛杉矶市时，身上只剩下 40 美元和一只箱子，箱子里面塞满了录像带和手稿，就是那部没有完成的卡通片《爱丽丝梦游仙境》。在洛杉矶，华特拜访城里的每一家电影工作室，想找份工作安顿下来，但都遭到拒绝。万般无奈之下，他抱着试一试的心情，再次给纽约的温克勒女士写信，并附上了尚未完成的《爱丽丝梦游仙境》。温克勒看完了这些录像带，回信说“愿意以 1500 美元的价格购买前 6 部爱丽丝影片”。

获得合约的华特，开始第四次创业，在伯父家的车库里，他和哥哥洛伊商议成立了华特兄弟制片公司，专心从事爱丽丝系列动画的制作。1926 年，公司名字改为华特·迪士尼制片公司。

到了 1927 年，爱丽丝系列已经不足以支撑日益壮大的华特·迪士尼制片公司的运作，于是华特策划和制作了一个全新的动画产品线——《幸运兔奥斯瓦尔德》。这个幸运兔系列一经推出就大受欢迎，非常成功，很快成了公司的摇钱树。

华特很高兴，但他不知道的是，危机又一次悄悄地靠近。《幸运兔奥斯瓦尔德》推出不久之后，前面提到的发行商温克勒就与一个叫查尔斯·明茨的人结婚了。结婚后，明茨成了迪士尼的发行商，两人在签署第二份为期一年的发行合同时，明茨偷偷地使了个坏，在合同文本里塞入了一个条款，规定“奥斯瓦尔德”这个卡通形象归明茨和其所在的环球影业所有，而华特完全没有注意到这个条款。

《幸运兔奥斯瓦尔德》大获成功，华特当时信心满满。在1928年2月，当一年期合同即将到期时，华特亲自前往纽约环球影业的总部与明茨讨论续约，他要求提高影片的价格。明茨不但没答应，反而要华特降价。他告诉华特，他已经买通大部分《幸运兔奥斯瓦尔德》的制作人员，而且根据他先前偷偷塞入的合同条款，他拥有“幸运兔”的授权，如果华特不答应降价的要求，他自己也可以继续制作《幸运兔奥斯瓦尔德》。

最后两人彻底谈崩。面对白纸黑字，华特无可奈何，他的心几乎在滴血。

这又是一次重大挫折。但他没有放弃，在悲愤交加当中，华特重整旗鼓，用从头再来的热情又创造出了一个全新的卡通人物：米老鼠。这个米老鼠形象的原型，就是华特在从纽约回到好莱坞的火车上，在悲愤交加之中产生的灵感。

1928 年 9 月，《米老鼠》首映，观众反应空前热烈，记者争相报道，好评如潮，影片很快风靡全球。

此后的迪士尼一步一步走向更大的成功。华特又有了新的目标和梦想，他想给自己的观众建立一个真实的乐园王国，让他创作的卡通人物和小朋友互动。经过十多年的酝酿，华特于 1948 年正式提出要建主题乐园。没想到，第一个跳出来反对的是他的哥哥洛伊。洛伊以公司负债过重为由，拒绝执行建造主题乐园的计划。

华特不顾哥哥的反对，决定一意孤行。他成立了以自己名字命名的私人公司，将自己的别墅卖掉，并到处借钱，自行筹建主题乐园。两兄弟相互赌气，两年时间谁也不理睬谁，相互只通过太太和秘书沟通。

1955 年，全球第一家迪士尼乐园在美国西海岸的洛杉矶开业，游客反响热烈，收入滚滚而来。还清了债务的华特又决定在美国东海岸建设第二个主题乐园。曾担心华特的冒险会拖垮公司的哥哥洛伊见此佳绩，也开始重新站在弟弟一边，全力配合支持华特。

第二家主题乐园建在佛罗里达。不幸的是，没有等到第二家主题乐园开业，华特就在 1966 年因病去世了。此后，哥哥洛伊全面主持新乐园的建设工作，这个新乐园在 1971 年开业。两个月后，操劳过度的洛伊病逝。虽然这两兄弟先后去世，但他们成立的公司已经是一个商业帝国，它成功地延续了下来，并不断推出好的作品，至今还在给我们带来快乐。

\ 2 / 马云的三次创业

讲完外国人的故事，再来讲一个中国人的故事。很多人不知道，在阿里巴巴之前，马云曾经三次创业。虽然每一次创业都不能算失败，但每一次都是一波三折，历经千辛万苦。

马云 1964 年出生在杭州，1982 年高中毕业，参加高考，数学只考了 1 分，当然名落孙山。落榜后的马云做起了蹬三轮车的工作，给杂志社送书。他也曾去酒店应聘服务生，但因为长得太矮太丑被拒绝了。一天，他偶然发现一本书——路遥的《人生》，这本书改变了他的命运，马云下定决心："我要上大学。"但现实再次给他重重的一击，在接下来的高考中，马云第二次落榜，数学考了 19 分。

1984 年，马云第三次参加高考，数学考了 89 分，终于考上了杭州师范学院（现杭州师范大学）外语系的专科。阴差阳错的是，当年学校本科专业人未招满，马云幸运地升级到了本科。1988 年，马云大学毕业，分配到杭州电子工业学院（现杭州电子科技大学），担任英文及国际贸易讲师，直到 1995 年辞职。

马云的英文非常好，口语更是非常流利，又懂国际贸易知识，很快成了杭州炙手可热的翻译，开始在杭州翻译界崭露头角。

1992 年，马云初次尝试创业，和朋友创办了海博翻译社。这是杭州第一家专业的翻译社。海博取英文“hope”的谐音，意为希望。说是翻译社，其实就是一家小店，所有的员工加起来只有 5 个人，注册资本 3000 元人民币。

创业之初，生意并不顺利，头一个月收入 700 元，而房租就花去 1500 元。入不敷出的状况令员工信心备受打击，有人开始动摇了，只有马云坚信翻译社可以做下去。

为了维持经营，马云必须找到新的收入来源。他发现卖鲜花礼品可以挣钱，于是就背起麻袋坐火车去义乌进货。他将办公室一分为二，一半是翻译社，一半是鲜花礼品店，以卖鲜花礼品的微薄利润维持着翻译社的运转。其间，马云还去医院向医生推销过医药，赚钱补贴翻译社。

1995 年，在连续亏损三年后，海博翻译社终于开始赢利，并成为杭州最大的翻译社。而这之后，马云就放手让其他同事打理，几乎就不再过问翻译社的具体事宜了，自己去进行其他项目的创业。

直到今天，如果你登录海博翻译社的网站，首先映入眼帘的依然是当年马云手写的“永不放弃！马云”六个大字。

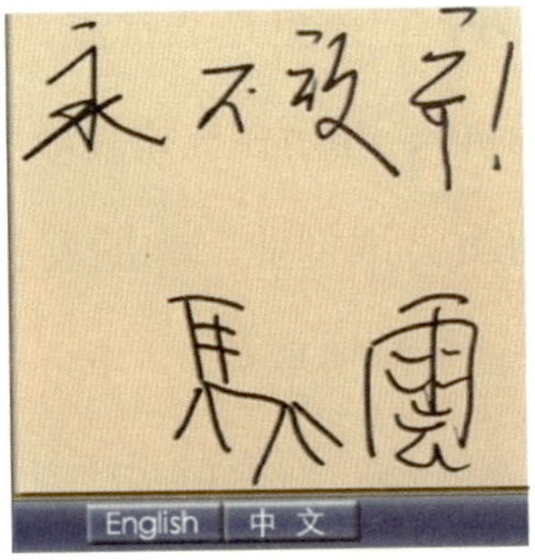

图 5-1　海博翻译社首页的马云签名。

马云的第二个创业项目叫“中国黄页”。年纪小的同学可能不知道黄页是什么，简单来说就是做网站。

1995 年，马云在出访美国时首次接触到互联网，他在网上输入了一个单词“Chinese”，搜索结果是空白——没有任何中国数据。

马云看到了巨大的商机，开始梦想要做一个网站，把国内的企业资料集中收集起来放到网上，面向全世界发布出去。问题是，当时的杭州尚未开通上网业务。换句话说，回到杭州的话，马云就无法上网了。但这并不能阻止马云的创业梦想。

马云在西雅图注册了 chinapages.com 这个网址，即中国黄页，和美国一家叫 VBN 的互联网服务提供商谈好合作条件之后就回国了。

回到杭州的马云请来 24 位朋友，征求大家对从事互联网商务的想法和建议。他滔滔不绝地讲了两个小时，最后问大家，这个创业点子怎么样？其中 23 个人说算了吧，只有一个人说你可以试试看，不行就赶紧逃回来。马云想了一个晚上，第二天早上决定还是要干。

1995 年 4 月，马云垫付 7000 元，联合亲朋好友凑了 2 万元，和何一兵一起注册了杭州海博网络咨询服务发展有限公司。何一兵是马云在杭州电子工业学院的同事，因为跟马云学口语，两人成了朋友。马云不懂电脑，但何一兵毕业于北京航空航天大学自动控制系，做过芯片，也会编程。他就是前面提到的“24 人大会”中唯一那个赞成马云试试的人。

接下来的 8 个月是马云创业最艰难的时期。前面讲了，当时的杭州还不能上网，大家根本就不知道互联网是什么。马云推销中国黄页只能靠嘴，流程基本如下：马云先向没见过互联网的客户描述互联网是什么、怎么怎么好，说得天花乱坠，然后向这些将信将疑的听众要资料和照片。他将这些资料翻译成英语，然后通过邮局寄到美国，美国合作方 VBN 将主页做好，打印出来，再寄给马云。马云拿着打印稿给客户看，告诉他们在互联网上能看到他们公司的资料了，然后收钱，收费标准是 2 万元。

因为那时大家都上不了网，马云除了打印资料，没有其他办法证明客户的资料真的放上网了，客户也没有办法自己登录网站验证马云说的网页是不是真的存在，很多人因此认定马云就是个骗子。万般无奈之下，马云只能“兔子先吃窝边草”，先做朋友的生意，用自己多年积累的人格信用说服对方。

到了 1995 年年底，中国黄页陷入困境，发不出工资了。那时候马云已经从杭州电子工业学院辞职，放弃了大学老师的铁饭碗，公司也已经招了五六名销售人员。

为了给公司找活路，中国黄页与杭州电信合资，成立了一家新公司。中国黄页将资产折合人民币 60 万元，占新公司 30% 的股份；杭州电信投资 140 万元，占 70% 的股份。马云成为小股东，失去了对合资公司的控制权。到 1996 年年底，中国黄页实现盈利，营业额突破 700 万元，但在公司发展的议题上，马云和杭州电信意见不合，吵了起来。马云是小股东，没有决定权，无奈之下，只能选择离开自己一手创办的公司。

幸运的是，外经贸部此时听说了马云的名气，向他伸出了橄榄枝。外经贸部对马云表示，到北京来吧，你能干得更好。

1997 年，马云带着他的团队来到北京，加入了外经贸部下属的 EDI 中心，先后参与开发了外经贸部官方网站和中国产品网上交易市场、网上中国技术出口交易会、中国招商、网上广交会等一系列国家级网站。

1998 年年底，马云再次考虑创业。经过一段时间的考虑和挣扎，他做出了他人生中一个非常重要的决定：回杭州，再创业！这期间，刚进入中国的互联网巨头雅虎的创始人杨致远曾邀请马云担任雅虎中国的总经理，但马云拒绝了，他想自己创立一家比雅虎更伟大的互联网公司。

1999 年，马云正式从外经贸部辞职。临走之前，马云约齐了他从杭州带来的所有人，向他们告别："我打算回杭州了。你们可以留在部里，这儿有外经贸部这棵大树……也可以到雅虎，雅虎刚进中国，是家特别有钱的公司，工资会很高，每月几万块的工资都有……你们想去，我可以推荐。"

在外经贸部发展得已经很好，又突然要回杭州，这个消息惊呆了所有人。大家还没缓过神来，就听马云继续说道："如果你们决定跟我回家二次创业，工资只有 500 元，不许打的，办公就在我家那 150 平方米的公寓里，做什么还不清楚，我只知道我要做一个全世界最大的商业网站。如何抉择，我给你们三天时间。"

马云没想到的是，大家都表示愿意跟随他回杭州创业。

1999 年 1 月 15 日，马云带着他的团队悄然南归，回到杭州创办阿里巴巴网站，开始他人生中的第三次创业。2003 年，马云创立淘宝网。2004 年创立支付宝。2014 年，一度考不上大学，又被人认为是骗子的马云，以 1193 亿元人民币的个人财富被《福布斯富豪榜》评为中国大陆首富。

这个时候，涂老师正在阿里巴巴担任副总裁，经常要代表公司接待客人，吃饭吃到一半，客人会放下筷子，用期待的眼神望着涂老师说，能不能介绍认识一下马云？涂老师就会笑着说，这会儿马云正在满世界飞呢，即使现在跟你见面、握手、拍照，他也记不住你。与其花心思认识今天的马云，不如多花一点时间看看自己身边有没有马云一般的人物。马云在失败的时候遭受了那么多的白眼和冷眼，被人称为疯子和骗子。我们对身边的人，尤其是那些看上去像疯子和骗子一样的人，不妨多看他一眼，**最重要的是对失败的人不要鄙视，要发现别人的潜力，和他一起成长。**

\ 3 / 坚毅和勇气

前面故事里的主人公——华特·迪士尼和马云，都让我们看到一种重要的品质：**坚毅**，在英语中这个词是 Grit。

坚毅是一个心理学的名词，最早提出这一概念的是宾夕法尼亚大学的心理学家安吉拉·达克沃思，她将其定义为“对长期目标的激情（passion）和毅力（perseverance）”。用通俗的话来说就是“永不放弃”。达克沃思和她的同事观察到，尽管有失败和跌倒的经历，但坚毅的人仍然能够长期保持自己的决心和动力。他们系统地研究了坚毅的品质和成年人的受教育程度、大学生的学习成绩、西点军校学生的淘汰率、全美单词拼写比赛成绩的关系，发现用坚毅度来预测一个人会不会成功，比用智商预测更准确。

坚毅是勇气的具体表现。没有勇气，一个人就不敢去迎接挑战。回到沙克尔顿的故事里，决定去横穿南极大陆需要莫大的勇气；“坚毅号”沉了，下定决心要把队员带回家需要莫大的勇气；浮冰碎裂了，带领大家坐着三艘救生船，行驶了七天七夜跑到象岛需要莫大的勇气；到了象岛后，带领 5 名队员驾驶一艘小船横穿 1300 千米的南极海去求救，需要莫大的勇气。没有勇气，这些事情都不会发生。这些事情只要一件不去做，27 名队员全部获救的奇迹就不会发生。

创业也同样需要勇气。阿里巴巴有个联合创始人叫蔡崇信。“联合创始人”的意思是一块儿创业的人。蔡崇信是和马云一块儿创立阿里巴巴的人。他 2020 年 1 月份的时候拥有 127 亿美元的财富。这个身家，差不多超过了 60 个国家的 GDP。有人说蔡崇信真幸运，攀上了马云这棵大树，搭上了阿里巴巴发展壮大的顺风车，成了世界级的大富翁。但很多人不知道，蔡崇信决定跟马云一块儿创业的时候，他一年的工资是 580 万元，而那时的阿里巴巴还是个小公司，马云能付给他的工资只有每个月 500 块。在 127 亿美元身家的背后，是蔡崇信放弃 580 万元年薪接受 6000 块年薪，同时选择相信阿里巴巴能够成功的勇气。

没有勇气，人就不敢在失败后再次去尝试。回顾沙克尔顿的南极之行，他遇到了一次又一次的失败，但失败并没有减少沙克尔顿下一次尝试的勇气。“坚毅号”被浮冰缠住不得脱身最后沉了是失败，但是船沉了也要想办法回家！从南乔治亚岛带着人去象岛救人，第一次无法靠岸，没关系，换艘船再去；再去又失败，没关系，换艘船又去；第三次去还是失败，没关系，换艘船再去，直到第四次把人救出来。**失败不可怕，可怕的是失败了就放弃**，对沙克尔顿来说，任何一次失败后的放弃或犹豫，都不可能有最后全体队员获救的奇迹。

坚毅和勇气如此重要，那我们中国的现状是怎样的呢？据中国城市独生子女人格发展课题组调查研究：33% 的城市独生子女害怕困难，20% 认为自己经不起挫折。换句话说，一半以上的受调查者害怕失败，缺乏坚毅的品质。

你知道吗

在成长的过程中，我经常听到“天才”这个词。

提起这个话题的，总是我父亲。他喜欢毫无缘由地说：“你知道，你不是个天才！”

我父亲经常思考关于天才、天赋，以及谁比谁的天分更高这类问题。他很在意自己有多聪明，而且非常关心他的家人有多聪明。

两年前，我幸运地被授予了麦克阿瑟学者奖（MacArthur Fellowship），这个奖也被称为“天才奖”。我这个一再被告知不是天才的女孩却获得了一个天才奖。之所以授予我这个奖项，是因为我发现，一个人最终的成就可能更多地取决于他的激情和毅力，而不是其天生的禀赋。

有时我真想穿越时空，回到儿时。我想告诉父亲我现在所知道的。

我会说：“爸爸，你说我不是天才，我不会和你争论，因为你知道有很多人比我更聪明。但是，我长大后要像你热爱你的工作一样，热爱我的工作。我不会只把它看作一份工作，它还是我的人生使命。我每天都会挑战自己。当我被击倒的时候，我会站起来。我可能不是一个最聪明的人，但我会努力成为最坚毅的人。”

如果他仍然在倾听，我会说：“爸爸，从长远来看，坚毅也许比天赋更重要。”

——摘自《坚毅：释放激情与坚持的力量》

\ 4 / 学校不会教你的"失败教育"

如果你稍微留意一下，在任何国家，上学基本上是一样的：每天早上七八点到学校；在长达45分钟左右的课程时间坐在教室里学习一门课；在课堂上，老师和学生各司其职，老师主要负责讲和问问题，学生主要负责听和回答问题；一门课结束了会休息10~20分钟，然后继续下一门课；中间有吃午饭的时间；整个上课的过程会持续到傍晚，然后放学回家；放学回家后要做作业。这个程序每个星期得重复5天，一口气得持续几个月，这几个月被称为一个学期。一年有两个或三个学期，学期和学期之间有假期……大家有没有想过：为什么全世界的上学都是这样的呢?

这是因为全世界所有国家的教育制度都是学德国人的。我们现在熟悉的上学模式，最早是由普鲁士人在18世纪最先发明出来的。普鲁士是一个国家，后来慢慢发展成了今天的德国。普鲁士人发明这套制度的初衷是培养忠诚且易于管理的国民。

普鲁士教育体系在当时的很多领域都具有创新意义。这样的教育体系让成千上万人掌握了谋生的基本技能，过上了中产阶级的生活，而普鲁士整个国家也凭借良好的国民素质，不仅成功统一了德国，而且一跃成为欧洲强国。法国、英国、美国、日本看到德国的成功先例，纷纷仿效，普鲁士教育体系因此得以在全世界慢慢扩散开来。

随着工业化的兴起，教育的目的有所改变，从培养忠诚且易于管理的国民，逐步转移到培养掌握基本技能的合格工人。工业化大生产下，工厂里最成功的工人就是单位时间里能够生产最多合格产品的工人；相应地，学校里需要培养的最成功的学生是知道最多标准答案的人。

直到今天，学校教育培养合格工人的理念还是在很大程度上被保留了下来，这本身没有太大的问题，但如果你想有一天成为华特·迪士尼

这样的企业家，只掌握学校里教的知识和技能就不够了，你还要学习一些学校教育不怎么强调的知识和技能，而“失败教育”是非常重要的一课。

讲到这里，你可能已经明白了，**当今世界的教育制度是为培养合格执行者准备的，而不是为培养优秀的企业家准备的。**合格的执行者需要知道怎样“把别人交待的事情做对”，而合格的企业家需要知道“要做什么，怎么把对的事情做成”。那怎么才能把事情做对做成呢？这就需要边做事边学习的能力。

\ 5 / 从做中学

边做事边学习作为一种教育理念有个正式的名字，英文叫 Learning by Doing，中文可以翻译成“从做中学”。它最早是由美国哲学家、教育家、心理学家约翰·杜威提出来的。杜威是美国实用主义哲学的重要代表人物，也被视为现代教育学的创始人之一。大家熟知的如胡适、蒋梦麟、冯友兰这些文化名人都是他的学生。被称为“伟大的人民教育家”的陶行知也深受杜威的影响。

杜威认为“知”和“行”是紧密相连的，没有“行”就没有“知”，“知”从“行”来，所以要边做边学。其实这样的思想我们古代也有。如荀子说：“坐而言不如起而行”，意思是说与其坐在那里讲空话，不如站起来将想法付诸行动。明朝的著名哲学家王阳明更是明确提出要“知行合一”。

前面讲了，创业要不怕失败。不怕失败并不是说面对失败不闻不问，坦然接受，而是说要在战略上藐视失败，在战术上重视失败。战略上藐视是指主观态度不要被眼前的失败吓倒，要相信一定有走向成功的办法；战术上重视是指碰到失败要老老实实、认认真真地分析失败的原因，总结经验教训，学习改进的办法，为下一阶段的成功打好基础。**在战略上藐视失败就是要不怕失败，在战术上重视失败就是要“从做中学”。**

创业就像学骑自行车。会骑自行车的同学都知道，学会骑自行车的唯一方法就是边骑边学。掌握不好平衡，身体左倒右歪没关系，快要歪倒时，脚从踏板上拿下来，撑一下，稳稳重心，继续；一不小心摔一跤，也没关系，爬起来，继续。多重复几次，身体就自动会平衡了，你也就学会了骑车。从来没有听说这个世界上有人不碰车，仅仅靠看看手册或读读“宝典”就能学会骑车的。

“从做中学”是有一些方法论可以用的，但在学校教得不多，下面一章，我们就来讲一讲，平常在学校课堂里学不到但又很有用的创业方法论。

画重点

- 对失败的人不要鄙视，要发现别人的潜力，和他一起成长。
- 坚毅是勇气的具体体现。用坚毅度来预测一个人会不会成功，比用智商预测更准确。
- 合格的执行者需要知道怎样“把别人交待的事情做对”，而合格的企业家需要知道“要做什么，怎么把对的事情做成”。这就需要边做事边学习的能力。
- 在战略上藐视失败就是要不怕失败，在战术上重视失败就是要“从做中学”。

课堂里学不到
但又很有用的创业方法论

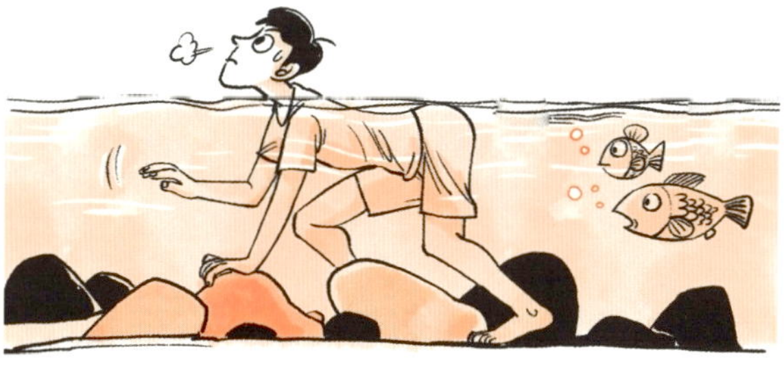

\ 1 / 预测思维很多时候不管用

想象一下，你要从上海去南京，你该怎么做？

首先你要决定你使用什么交通工具。你可以坐高铁去，你也可以自己开车去。但无论哪一种情况你都可以大致预测你什么时候能到南京。

如果你选择坐高铁去，买车票前你一定会查火车时刻表。几点几分什么车次的火车会从上海虹桥火车站出发，几点几分会到达南京南站，时刻表上的数据列得非常清楚。高铁很准时，一般来说，只要你坐上了你买的那个车次，几乎就会有百分之百的把握知道你会在几点几分从南京南站下车。

自己开车的情况略微复杂些，但也基本上可以预测。你可以在手机上查看地图线路。手机应用会返回几个方案，告诉你每个方案大致需要的时间。下图显示了从上海去南京的三个方案和相应的时间。你选择了其中的方案，基本上有很大的把握估算到达南京的大致时间。

图 6-1　这个地图显示了开车从上海到南京的三个方案。这是基于预测的结果。

上面的例子里，无论我们是选择坐火车还是自己开车，我们都运用了预测的思维模式。在这种思维模式下，我们假设未来会和过去十分相似，因此过去的经验可以被用来预判将来会发生什么。过去高铁一直很准点，所以我们假设这次去南京，高铁仍旧会继续准点；过去高速公路最高时速能达到 120 千米，所以这次去南京，我们最高时速还是可以按 120 千米计算。基于这些基本信息，我们可以比较准确地预测到达南京的时间。

生活中我们经常会用到类似的预测思维。比方说，我们可以预测，如果高考排名足够靠前，我们就可以进北大清华；如果能从北大清华毕业，我们可以找到一份不错的工作。又比方说，如果我们努力工作为公司创造了价值，我们就有很大的可能升职涨工资。

由于我们是如此习惯地运用预测思维，预测思维在很多时候解决问题的效果是如此之好，它就渐渐变成了我们的一种思维定式。一旦碰到无法预测的情况，我们就会不知所措，就感到慌张。

而学校教育并不能帮我们缓解这种慌张。原因很简单，我们在学校学到的各种知识，更多的时候是在强化我们的预测思维。我们学习数学、经济学、统计学、大数据分析等知识，很多时候是为了做难度更大、准确度更高的预测。

不容否认，预测思维非常重要，在某种程度上，具备高度的预测能力是一个人受教育程度的体现。预测思维在大多数时候可以帮助人们做出更好、更有效率的决策。但问题是世界上并不是所有的事情都可以靠预测思维解决。

在第 4 章里，我们讲到了沙克尔顿和“坚毅号”的故事。沙克尔顿在那次南极探险过程中碰到的每一件事情几乎都是无法准确预测的。同样地，在创业的过程中，企业家也会面对各种各样的不确定性。

预测是基于已有知识的判断，而创业从事的常常是全新的事业，卖的常常是全新的产品和服务。换句话说，创业大多数时候做的是没有人做过的事情，所以没有历史数据可以参考。没有历史数据，预测思维就没了用武之地。当马斯克决心造特斯拉的时候，他不可能知道有多少人会买他的电动汽车，因为在他之前没有人卖过纯电动的汽车。当华特决定造第一座迪士尼乐园的时候，他不可能预测有多少人会来他的乐园，因为在这之前这个世界上没有这样的乐园。

那么面对这样的未知情况，我们该怎么办呢？

\ 2 / 用行动思维应对不确定的世界

在长期跟踪研究连续创业的企业家后，美国弗吉尼亚大学的教授萨阿斯·萨阿斯瓦斯发现，这些企业家在思维模式上表现出惊人的相似性。面对不确定的未来，他们会不管情况如何，首先付诸行动。更有意思的是，萨阿斯瓦斯发现这些企业家行动的时候会遵循大致一样的步骤：**首先行动一小步；然后暂停，看看从一小步行动中学到了什么；然后把所学到的东西构建到下一步行动中；如此循环重复，直到获得满意的结果或者决定停下来。**

这个过程，有人把它总结为创业行动力（entrepreneurial action）。其实这样的道理我们多多少少已经听过。比如同学们学过的清朝的彭端淑写的《为学》，里面有个关于两个和尚的小故事，讲的就是这个道理：

> 蜀之鄙有二僧，其一贫，其一富。贫者语于富者曰："吾欲之南海，何如？"富者曰："子何恃而往？"曰："吾一瓶一钵足矣。"富者曰："吾数年来欲买舟而下，犹未能也。子何恃而往？"越明

年，贫者自南海还，以告富者。富者有惭色。

你知道吗

彭端淑是清朝官员、文学家，与李调元、张问陶一起被后人并称为“清代四川三才子”。彭端淑在这些人当中是最著名的，但他的成就并不是靠先天的才气，而主要是得力于后天的踏实勤学，他写的著名散文《为学一首示子侄》（简称《为学》），可以说就是他踏实勤学的心得感悟。

故事翻译成白话文是这样的：

四川的偏远山区有两个和尚，其中一个贫穷，一个富有。有一天，穷和尚对富和尚说：“我想去南海朝佛，你看行吗？”富和尚说：“你靠什么去呢？”穷和尚说：“我只要一只水瓶和一个饭钵就够了。”富和尚不以为然：“我几年前就想雇条船顺江下南海，到现在还没去成；你一无所有，就别做美梦了吧！”可第二年，穷和尚竟然从南海朝佛回来了。他把自己的云游经过讲给富和尚听，富和尚听了，惭愧得羞红了脸。

创业行动力的出发点是要有愿望，也就是发现或找出你想要的东西。愿望很重要，它促使人行动。接下来的文章中，我们还会讲几个著名企业家的故事，从他们的故事里，你能看到愿望是一切成功的起点。比如

马斯克想移民火星的愿望促使他成立了太空探索公司；华特想建一个真实的卡通人物王国乐园的意愿，促使他不顾哥哥的反对，变卖家产筹建了第一个迪士尼主题公园；张謇想“实业报国”，所以放下状元的身份，求爷爷告奶奶，筹建大生纱厂。这里讲的愿望是足以让一个人开始行动的愿望，付诸行动的愿望才是真实的愿望，只有愿望没有行动，那不是愿望，而是空想。

《为学》中的穷和尚和富和尚都想去南海拜见菩萨，穷和尚的愿望促使他拿着一瓶一钵出发了，他的愿望就是真实的愿望；富和尚虽然也想见菩萨，但一直没有行动，所以他的愿望是假愿望，是叶龙好龙式的愿望。

创业行动力需要尽快迈出明智的一步。“明智”包括三层意思：

第一就是**利用已有的资源快速行动**。不要等万事俱备才开始做事情。如穷和尚有一瓶一钵，这一瓶一钵就是他已有的资源，瓶子可以装水，饭钵可以装吃的，他是和尚，和尚可以化缘，可以向别人要吃的要喝的，这是他已有的资源。有了这三个资源，穷和尚就可以走到南海而不至于饿死。

“明智”的第二层意思是**要将行动的成本控制在可承受的范围之内**。万一失败，不至于一败涂地。这个我们后面会继续讲，这里暂时不展开。

“明智”的第三层意思是**要不断学习和更新**。每一次行动都是基于对上次行动结果的反省和构建，也就是要“从做中学”。这样讲有点抽象，其实用通俗的话来讲，创业行动力就是“摸着石头过河”。

20 世纪 80 年代初，国务院的一个文件曾经很好地解释了什么是“摸着石头过河”：“要摸着石头过河，水深水浅还不很清楚，要走一步看一步，两只脚搞得平衡一点，走错了收回来重走，不要摔到水里去。”

这段论述非常生动形象，表述也跟创业行动力的观点不谋而合。“过河”是愿望，“摸着石头过河”是明智的行动，行动的目的是为了应对“水深水浅还不很清楚”的不确定性。“要走一步看一步，两只脚搞得平衡一点，走错了收回来重走，不要摔到水里去”是强调需要“从做中学”，不断地对上一步的行动结果进行反省和构建。

“摸着石头过河”是我们国家过去40年改革开放的重要经验总结。从某种意义上来说，中国的改革开放也是创业。而改革开放40年来取得的历史成就是对“摸着石头过河”方法的充分肯定。换句话说，创业行动力改变了中国的国运！

创业行动力的方法也可以用在生活中。比方说你是一个高中学生，你想成为一名工业设计师，这个想法就是你的愿望。想成为工业设计师需要基本的绘画技能，所以你决定学画画，并且找了个老师跟着画画，这就是创业行动力。高中学习很紧张，画画的时间占用了学习的时间，所以你的成绩可能会略受影响，但你决定接受这个结果，这就是将“成本控制在可承受的范围之内”。事实上，这个例子是郦老师的一个高中同学的真实经历。这个同学现在是国内著名的汽车设计师。

\ 3 / 精益创业，控制创业失败的成本

我们讲的第二个创业方法论叫精益创业。这是一个跟失败相关的创业方法论。

我们先来总结一下创业里关于失败的三个重要观点：

第一，要不怕失败。

第二，要善于从失败中学习，从做中学，最终找到成功的路径。

第三，万一失败无法避免，如何控制失败的后果？

在创业的过程中，失败有时候是无法避免的，但失败的损失程度是可以控制的。精益创业的精髓就是要控制创业失败的成本，包括低成本失败（fail cheap）和快速失败（fail fast）。

精益的方法最先由生产汽车的丰田公司提出来，其核心是精简一切无用的、多余的东西，用最少的工作量，创造最大的价值。

其实在生活中，我们都在不知不觉地使用“精益”的方法。比方说去一家不熟悉的餐厅吃自助餐，一般很少有人一上来就盯着一样东西吃个饱。大家通常会拿几样自己平常喜欢吃的东西，各拿上一点点，先尝

一下，满意了，再多拿，大快朵颐。这种做法就叫精益。

将精益的方法用在创业上就是精益创业。精益创业最早在 2011 年由硅谷创业企业家埃里克·里斯提出。里斯认为，企业家在正确判断出市场反应之前，投入大量人力、物力、时间去设计和生产产品是一种浪费。他提出可以将高风险的“赌注”解构成一堆可以在现实世界的用户身上进行测试的低风险“赌注”。

具体的做法是，通过向市场推出极其简单的原型产品来验证：产品到底有没有价值，用户到底会不会购买和使用，有没有增长的潜力。这种简单的原型产品被称为“最小化可行产品”，目的是使用最快最便宜的方式完成“开发－测试－认知”的反馈循环。一旦验证失败，就不必继续投入，企业家不至于在金钱上和时间上损失惨重。

你知道吗

一些造梦行业不断向我们讲述这样的故事，但我早就意识到，它只是个传说，我们听到的故事是有选择性的，而且基本上是事后诸葛亮。事实上，在和几百位创业企业家的工作接触中，我亲眼目睹了一个个充满希望的开始，最后却黯然收场。残酷的现实是：大多数创业以失败告终；大多数新产品并不成功；大多数新企业无法支撑到大展身手的那一天。

但是，关于坚守、创新天才和努力工作的故事却一直存在。为什么它们会如此受欢迎？我想，在这些引人入胜的现代版白手起家的故事里，有些东西极富吸引力。只要你手上有好产品、好创意，成功看起来触手可及。这意味着平淡的细节、乏味的琐事和细枝末节的各种抉择都无足轻重。只要动手做起来，功到自然成。

——摘自《精益创业》

举一个精益创业和最小化可行产品的例子。

大家可能都用过大众点评。大众点评是以用户点评为模式的城市生活消费指南网站。大众点评上的商家都会有一个分数，这些分数由消费者打分而来，每个商家还会得到消费者的具体评论，评价好还是不好，用户都看得见。

大众点评的主创始人是张涛。他创立大众点评之前想测试一下他的创业点子可行不可行。这个点子可行，最关键的一点是消费者愿意在没有报酬的情况下给商家打分和写评价。张涛当时不知道消费者到底愿不愿意这么做。

为了测试自己的想法，张涛花了一个晚上的时间，做了一个网页，网页上列了他从一本旅游手册上找来的饭店名单。他把这个网页挂到了网上，邀请网友在用餐后对这些饭店打分或者做出评价。结果还真有网友这么做了。张涛因此认为他的创业点子是可行的，马上组织团队设计出了更完善的网站，结果大众点评一炮打响，发展迅速。

成功后的张涛好多年来都不好意思跟人提起，他做过这样一个网页，因为这个网页实在是太简陋了，直到多年后他看到有关精益创业的书，才意识到自己无意中使用了精益创业的方法，他的那个简易的网页就是“最小化可行产品”。张涛利用这个简易的网页，验证了大众点评商业模式中最关键的那个点。哪怕检验失败，他无非也就是浪费了一个晚上而已。

精益创业的方法同样可以用在个人的发展上面。比方说涂老师的第一本书就是他利用下班后的业余时间写的。在书出版之前，虽然涂老师自信这是一本划时代的书，但其实他也完全没把握读者是否喜欢。因此他利用了精益创业的思维方式，一边工作，一边创作。即便书不成功，对那时的涂老师而言，无非就是浪费了一年晚上看电视的时间。

\ 4 / 就是要和别人不一样

我们介绍的第三个创业方法论叫保持差异化，通俗点讲，就是保持和别人不同。创业要和别人不同、和别人有差异的理由很简单，公司只有提供别人没有或者跟别人不一样的产品或者服务，才能卖更高的价格，才能赚到更多的钱。

要和别人不同、有差异，就需要创新。创新创业作为一门学问，始于经济学家约瑟夫·熊彼特。熊彼特认为，不创新的企业家不是真正的企业

你知道吗

约瑟夫·熊彼特是一位有深远影响的美籍奥地利政治经济学家，一谈到“创新”，熊彼特的“五种创新”理念时常被人引用和提及，熊彼特提出的“创造性破坏”，在西方世界的被引用率仅次于亚当·斯密的“看不见的手”。

家，可见创业和创新密不可分。有关创新的内容，我们会在另一本书《和爸妈一起学创新》中再详细介绍。

创业要创新，要和别人有差异，就是和别人不一样，但是作为人类，我们是社会性的动物，我们害怕跟别人不一样。

社会心理学有一个著名的心理实验——阿希从众实验。实验选取男大学生作为研究对象，每组七个人，坐成一排，呈半圆形，其中六个人是被实验者提前安排好的，只有一人是真正的被测试者，但是真正的被测试者不知道另外六个人的真实身份。实验开始后，实验员向大家展示如图 6–2 所示的两张卡片。

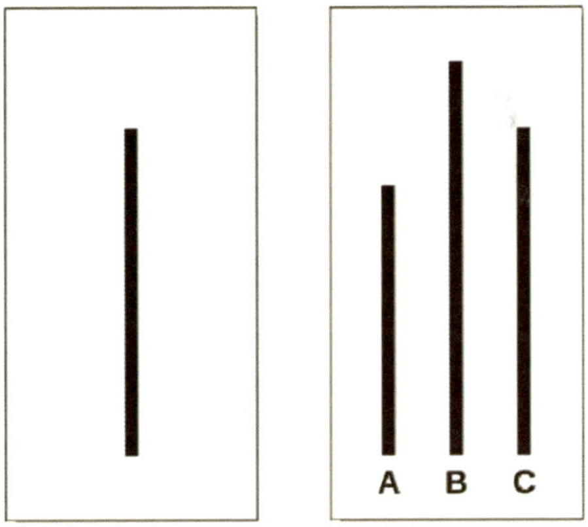

图 6–2　在阿希实验中使用的两张卡片，左边的是标准长度的线段，右边的是需要被测试者判断的三条线段。

其中一张画有一条标准的线段，而另一张纸上分别有三条不一样的线段，这三条线段只有一条是与第一张的标准线段等长的，其余一条明显短于标准线段，另一条明显长于标准线段。而测试者要做的事情非常简单，在第二张卡片里找出与第一张卡片里标准线段等长的那一条线段。

实验者把真正的被测试者安排在最后一个，并让前面的六位伪装者给出错误答案。刚开始，当真正的被测试者看见第一位被测试者（伪装者之一）选择了那条明显不等长的线段时，真正的被测试者会明显愣一下，但随着越来越多的人选择不等长的线段后，真正的测试者会开始怀疑自己的判断，最终会依照别人的“错误”选择做出自己的选择。

阿希为了确保实验的精确性，进行了反复多次的实验，选取不同的被测试者，得出的结果都惊人的一致：只有不到 1/4 的人会坚持自己的正确意见。可见保持跟众人不一样是多么不容易的事情，哪怕你是对的。

保持差异化就要有意识地克服从众心理，特别是盲目的从众心理，因为从众会阻碍标新立异。试想，如果马斯克一味从众，他就不会想要自己造火箭，不会在对堵车发完牢骚后去挖隧道；如果马云一味从众，他就不会辞掉大学老师的“铁饭碗”选择去创业；如果张謇一味从众，我们中国历史上就会多一个对历史和人民没有多大贡献的官吏，却会少了一位开时代之新风的创业先锋；如果华特一味从众，我们今天就不会有那么多好看的卡通电影和卡通英雄，也不能去迪士尼乐园玩。

1848 年，加利福尼亚发现黄金。随后几年，有几十万淘金者从美国各地奔赴加利福尼亚，他们都梦想着一夜暴富。一个名叫李维·斯特劳斯的年轻人也随着人潮来到了旧金山。这些人都一心想着找到金子发财，

图 6-3　李维·斯特劳斯（1829 —1902），牛仔裤的发明者。

但斯特劳斯不一样，他看到了新的机会，淘金者成千上万，他认为可以从他们身上赚钱。他先是发现淘金者出汗多，但矿区饮用水供不应求，于是，他就在矿区卖水，结果赚了不少钱。然后他又发现，淘金者从事采矿，裤子特别容易磨破，他就用做帐篷的厚帆布做成了裤子，因为它既耐磨又耐脏，一推出便受到了淘金者的欢迎。这就是后来风靡世界的"牛仔裤"。斯特劳斯也因此发了财，他的名字也成了最著名的牛仔裤品牌。

当然在平常的生活中，我们没有必要特意去表现得和别人不同。刻意表现太做作，会引起别人的反感。同学们都读过鲁迅先生的小说，他塑造过一个人物叫孔乙己，为了显得跟人不一样，常常玩一些无聊的文

字游戏："窃书能算偷吗？""回字有四种写法，你知道吗？"这样刻意地与众不同就会让人觉得既可怜又可恨。我们想提倡的是，不要害怕自己和别人不一样，但也不用刻意去和别人不一样。

\ 5 / 学会培养同理心

同学们都喝过易拉罐饮料吧。易拉罐暴露在不干净的环境中，容易有卫生隐患，于是有些人在喝之前习惯先擦一擦，也有人只用吸管喝，但吸管不是每个地方都会提供，携带起来也不是很方便。

如果现在我告诉你，有人设计了下图这样的易拉罐饮料，你是不是很惊喜？如果这个易拉罐要比别的易拉罐贵 1 毛钱，你是不是愿意多付这 1 毛钱？

下图中的这个易拉罐设计叫“Drink with Clean”，意思是“干净地

图 6-3　这个设计叫“Drink with Clean”，是 2013 年红点设计奖的获奖作品。设计师团队：张婷玉、董倩雯、程杭、叶子慧。

喝”，它是 2013 年红点设计奖的获奖作品。红点是国际上知名的产品设计大奖。

这个设计非常简单，就是在普通易拉罐饮用口的地方加一张薄膜。拉掉拉环，也会同时撕掉薄膜；薄膜去掉后，人的嘴和罐子接触的地方是干净的。

这样的设计是以人为本的设计。以人为本是我们接下来要讲的创业方法论——设计思维的核心思想。

设计思维框架最早由 IDEO 公司开发出来，通过五步来实现设计思维的价值：

同理心 – 需求定义 – 创意构思 – 原型 – 测试。

这个方法的最重要步骤是同理心，让自己沉浸在用户体验中，去发现用户的深层需求。

你知道吗

1979 年，穆尔在纽约知名公司雷蒙德·罗维担任产品设计师，这家公司曾设计出可口可乐的曲线瓶身，以及醒目的壳牌标识。当时 26 岁的她刚从大学毕业，是办公室里唯一的女性设计师，其他 350 名全是男性。

有一次，在针对新型电冰箱进行头脑风暴的会议时，穆尔问了一个简单的问题：“我们难道不能设计一种让有关节炎的人也能轻易打开的门？”上司看着她，不以为然地说：“我们不为那些人设计。”穆尔很生气。什么叫作“那些人”？她被上司的话一激，决定采取行动，而她的做法将成为20世纪最激进的同理心实验之一。她将亲身体会成为85 岁老太婆是什么样子。

穆尔投入体验老人的角色，而她得到什么结果呢？穆尔从全新的角度来设计国际商品。她从自身的体验与领悟出发，设计了一系列适合老年人使用的创新商品，即使是罹患关节炎的双手，也能顺利使用她的产品。她设计的产品可以让5~85岁的人都能使用，即使活动不便也不受影响。

——摘自《同理心》

同理心（empathy）是一种将自己置于他人的位置，客观地理解当事人的内心感受的能力，通俗地讲就是将心比心的能力。企业家创办公司生产的产品或者提供的服务，最终都需要让用户买单，而设计思维帮助企业家站在使用者的角度设计产品和服务，提高用户的满意度。用户满意了，才更愿意购买企业家提供的产品和服务，企业家才能赚到钱。

回到刚才的易拉罐设计，你愿不愿多花1毛钱购买这种没有卫生隐患的易拉罐？

同理心能帮助企业家发现别人发现不了的商机，从而获得成功。大家知道 QQ 是腾讯公司的第一款产品。正是因为 QQ 的成功才造就了腾讯的成功。那你知道 QQ 为什么会在第一时间成功吗？

QQ 在第一时间成功就是因为马化腾的同理心。

在 QQ 推出之前，世界上最成功的网上聊天工具叫 ICQ。它是由以色列的三个年轻人在 1996 年创立的。ICQ 推出后很快风靡全球。

看到 ICQ 的成功，当时很多人和公司推出了类似 ICQ 的中文版的网络聊天工具，其中包括马化腾和他的创业伙伴们。但只有腾讯的 OICQ（后来改名 QQ）获得了用户的青睐，不仅完全打败了 ICQ，而且不断壮大，最终长成了今天的腾讯公司。可以说，这后来的成功都和马化腾在编写 QQ 程序时问的一个问题有关："我们的用户在哪里上网？"

为什么这个问题非常重要？当时中国的互联网刚刚起步，中国的网民大多数在学校的机房和外面的网吧上网。这就意味着，对大多数的网民来说，每次使用的电脑是不一样的。而 ICQ 的聊天信息是存在电脑的本地磁盘上的。换了电脑，聊天的历史记录就丢失了。考虑到这一点，马化腾他们在设计 QQ 的时候，把聊天记录存在了服务器上，这样不管用户怎么换电脑，只要登录的账号不变，聊天记录就不会丢失。

同时，马化腾他们把 QQ 的程序设计得非常非常小。第一版的 QQ 只有 220KB，相对于 ICQ 的 3~5M，小了十几二十倍。这么做也是站在用户角度考虑的结果。那时候不管是学校机房还是网吧，基本上都是用电话线拨号上网，网速非常非常慢。下载 3~5M 的文件可能要几个小时，中间断掉的话，反反复复，甚至需要好几天才能下载完，而那时的上网基本是按时间收费的，以那时人们的收入水平来说，上网费非常贵，所以大家对下载速度非常在意。而 QQ 程序很小，只要几分钟就能下载，这就帮用户省了大量的上网费。

关于设计思维的具体步骤，有三步说，也有五步说，但无论是哪个流派，都是从同理心出发。俗话说，将心比心，方得人心；得了人心，才会成功。马化腾就是得了网民的心才成功的。

大道至简，得人心是最有效的创业方法。

画重点

- ☑ 预测思维在大多数时候可以帮助人们做出更好、更有效率的决策。但问题是世界上并不是所有事情都可以靠预测思维解决。
- ☑ 创业从事的常常是全新的事业，卖的常常是全新的产品和服务，没有历史数据可以参考。
- ☑ 面对不确定的未来，不管情况如何，首先付诸行动。
- ☑ 创业行动力需要尽快迈出明智的一步，明智包括三层意思：第一就是利用已有的资源快速行动；第二是要将行动的成本控制在可承受的范围之内；第三是要不断学习和更新。
- ☑ 创业里关于失败的三个重要观点：第一，要不怕失败；第二，要善于从失败中学习，从做中学，最终找到成功的路径；第三，万一失败无法避免，如何控制失败的后果？
- ☑ 精益创业的精髓就是要控制创业失败的成本，包括低成本失败和快速失败。

画重点

- ☑ 创业要保持差异化，要和别人不同，就需要创新。保持差异化就要有意识地克服从众心理，特别是盲目的从众心理，因为从众会阻碍标新立异。
- ☑ 设计思维的价值通过五步来实现：同理心－需求定义－创意构思－原型－测试。
- ☑ 同理心是一种将自己置于他人的位置，客观地理解当事人的内心感受的能力。

第7章

迎接未来，从今天做起

\ 1 / 天才？赌徒？

【人物】	孙正义
【出生日期】	1957 年 8 月 11 日
【成就】	国际知名投资人。1981 年创建软银集团。2020 年 4 月 6 日，孙正义以 1350 亿元人民币的财富名列《胡润全球百强企业家》第 50 位。

1995 年，杨致远和几个小伙伴窝在斯坦福的实验室，鼓捣一个网站项目。有个小个子跑来，找到杨致远，跟他聊了一会儿，说："你们的项目很不错，我想投你们的项目，我给你 200 万美元怎么样？"

杨致远愣了一下，好久才反应过来这个人是认真的。杨致远和小伙伴都是刚毕业的学生，大家都没什么积蓄，虽然一块儿建立了公司，但最缺的就是资金。杨致远欣然接受了小个子的 200 万美元。

过了 4 个月，小个子又跑到斯坦福来找杨致远，说："上次给了你

200 万，我很后悔。”

杨致远一听，以为小个子要反悔，一阵紧张，还没来得及说话，就听小个子继续说道：“相比你要做的事情，200 万太少了，因此我决定给你 1 亿美元。”

听到这话，杨致远差一点从椅子上掉下来，他的公司刚刚起步，总共才几个人，上次的 200 万美元他都觉得一时半会儿花不完，现在又说要给他 1 亿，这是想干吗？不会有诈吧？杨致远死活不同意。

见杨致远拒绝，小个子继续说道：“如果你不要，我也没有办法，那我就只能把这钱投给你的竞争对手了。”

左右权衡之下，杨致远只得接受了这 1 亿美元，并出让了自己公司 33% 的股份。

故事里的这家公司叫雅虎，杨致远就是雅虎的创始人。如果你还记得，杨致远就是前面故事里邀请马云当雅虎中国掌门人的那个人。而这个小个子的名字叫孙正义，后来的日本首富。

1996 年，雅虎成功上市。上市当天，股票暴涨，拥有雅虎三分之一股份的孙正义一度成了世界首富。不过几个小时后股票回调，孙正义失去了世界首富这个头衔。

类似的故事，后面又发生了一次，这次孙正义硬要投资的对象是马云。

1999 年，马云刚创立阿里巴巴不久，有个老朋友邀请他去北京做个路演，说是软银的老板孙正义会来中国挑选有潜力的投资项目。路演是个专业术语，指企业家在台上向投资人介绍自己的创业项目的演讲，目的是通过出让公司股份的方式获得公司发展所需的资金。

当时的孙正义因为投资雅虎的成功经历，已成为风险投资界的传奇。很多创业企业家想博得他的青睐，获得他的投资，但马云对这事儿却兴趣不大，因为他刚刚拿到 500 万美元的投资，并不缺钱。但因为是朋友邀请的，他决定还是去做个路演。

做路演时，马云充满激情地介绍他的电子商务公司，没等讲完，就见孙正义一个箭步冲上台来，激动地握着马云的手，急切地说："我决定投资你的公司，你要多少钱？"

马云一愣，说："我不要钱。"

孙正义没料到马云这么回答，也一愣："不要钱，那你来这里干什么？"

马云说："我就是来介绍我的公司，扩大一下知名度。"

接下来，两个人站在台上展开了拉锯战，一个反复表示要给钱，一个反复表示自己不要钱，谁也不能说服谁。

最后还是孙正义打破了僵局，说："您先不用急着决定，回头到我的公司看看，我们再聊聊？"见孙正义如此热情，马云答应了，并在不久之后飞到东京拜访孙正义。

见到马云，孙正义开门见山："马云先生，我要投你的公司，4000 万美元，你看怎么样？"然后开始滔滔不绝地讲马云不应该拒绝这笔投资的理由。

几个回合的讨价还价后，马云接受了孙正义 2000 万美元的投资，并出让了相应的股份。

这笔 2000 万美元的投资后来成为孙正义最成功的一笔投资，也是风险投资史上最传奇的投资之一，在阿里巴巴上市后价值超过 600 亿美元。

你知道吗

蜡烛能丰富人们的心灵，电灯能丰富人们的生活。若因不想改变蜡烛的优势而不去积极接纳电灯，便会被文明甩在身后。

——孙正义

\ 2 / “厚脸皮”的行动派

孙正义祖籍韩国，出生在日本，全家是难民的身份，他本人直到1991年才获得日本国籍。他小时候家境贫寒，长大一点后，父亲创业，家境日渐富裕，才有了让他接受良好教育的经济基础。

高中时，孙正义无意中看了一本名为《犹太人的商法》的书，大为倾倒，当即决定要去拜访书的作者藤田田。

藤田田是日本麦当劳之父，当时日本商业界响当当的人物，要见他不是件容易事儿。孙正义给藤田田的办公室打电话，说自己是个学生，很喜欢藤田田，非常想见他一面。打了80多次，都被藤田田的秘书拒绝了。

见此情景，孙正义一不做，二不休，干脆直接飞到东京，然后打电话给藤田田的秘书说：“我人已在东京了，非常想见藤田先生一面，您不用替他做决定，只要把我的话告诉他，我只见他3分钟就可以。”

秘书拗不过孙正义，只得将孙正义的原话向藤田田汇报。藤田田被勾起了好奇心，决定见见这个年轻人。

原定的3分钟最后变成了15分钟。谈话中，孙正义问藤田田：“我未来该从事什么事业？”藤田田说：“不要看过去，要看未来。如果我是你，我会学好英语和计算机。”

这次谈话改变了孙正义的人生。

回到家的孙正义决定听从藤田田的建议，学习英语。他报名了一个在美国加州伯克利分校举办的英语夏令营，并在 1973 年 7 月飞到美国，学习了 4 周的英语。

当时的日本经济还处于上升的阶段，跟美国相比还落后不少。一个月的时间让孙正义大开眼界。从美国回来后，他立马向家人表明，不想在日本读高中啦，他要去美国读书。

1974 年 2 月，孙正义从日本高中退学，独自飞到美国求学。

初来乍到的孙正义先是补习了 7 个月的英语。然后在当年 9 月，进入旧金山的塞拉蒙提高中读高二。

在那里上了一个星期的课，孙正义跑去找校长：“校长，高二的课对我来说太简单了。我想直接跳到毕业班，参加 SAT 考试。”（SAT 是美国大学入学资格考试。）

校长当然不同意。但孙正义不放弃，一番死缠烂打，竟然说服了校长，让他直接从高二跳到了高四（塞拉蒙提是四年制的高中），参加 SAT 考试。

信心满满的孙正义走进考场，一看试卷，傻眼了。试卷题量非常大，才学了几个月英语的孙正义在规定的考试时间内根本不可能做完全部题目。

这事要是换成别人，就到此结束了，但孙正义不是一个按常理出牌的人。他立马找监考老师，要求特殊待遇，理由是他是日本人，很多知识用日文表述他明白，但换成英语，他就看不懂了，但考试是考知识，不是考语言，所以他认为应该允许他翻阅英日词典；但翻词典很费时间，因此需要延长考试时间。

监考老师当然不同意。孙正义拿出他那套磨人的老办法，说："老师，您先别做决定，我们去找校长。"

找到校长，校长也一样不同意。孙正义如法炮制："校长，您先别决定，我们问问州里的教育官员。"

如此一层层往上找，最后一直找到加州州长那里。一番理论下来，州长竟然同意了孙正义的要求。

于是别人下午 3 点就考完了，孙正义却继续留在考场里奋战，一边查词典，一边答题，直到晚上 11 点才交卷。

就这样一口气考了三天，结果出来，他的数学和物理成绩接近满分，其他成绩刚刚及格，综合评定，被圣名大学（Holy Names University）录取。而三周上完高中的孙正义也成为塞拉蒙提高中学生口中的传奇。

\ 3 / 50 年人生规划

在圣名大学，19 岁的孙正义对自己未来 50 年的人生做了一个规划：

20 岁，开始创业，向世界宣告我的存在。

30 岁，赚够 1000 亿日元，完成资本的原始积累，然后投身更伟大的事业。

40 岁，干一番大事业，成为第一，至少全日本第一。

50 岁，赚到 1 兆日元。

60 岁，退休，把事业平稳地交给接班人。

你知道吗

画不出大图的人，小图也会画走样。

不管是愿景，还是宏大的战略，说说而已很简单。坚持奋斗到底，才能最终实现理想。

——孙正义

\ 4 / 人生的头两个100 万美元

制定好自己人生规划的孙正义认为，计算机是未来发展的方向，因此申请转学到水平更高的加州大学伯克利分校，一边修经济学，一边修计算机，同时加入了伯克利的计算机协会。

进入伯克利的孙正义抓住一切机会学习和历练，每天只给自己留 5 分钟的时间休息。很快，就连这 5 分钟的休息时间他也觉得太浪费了，于是决定利用这 5 分钟时间进行头脑风暴，每天想出一个新点子或新发明。

为了快速地想出主意，孙正义自己发明了一套头脑风暴的方法。其中一种方法是把现有的东西随机组合起来，形成一个新的东西。一天，像平常一样正在进行头脑风暴的孙正义突然想到，如果把词典、发音设备、显示屏三种东西组合起来，不就可以做成一个电子翻译机了吗？

孙正义为自己的创意激动不已，当即决定把它做成产品，但是他既没有经费，也没有技术。

这一切都难不倒孙正义。他找了份伯克利物理系和计算机系教授的名单，然后挨个联系，邀请他们助自己一臂之力。

当时，伯克利最知名的发音电子合成器的权威是福雷斯特·莫泽尔教授。孙正义找到莫泽尔教授，向他介绍了自己的创意，然后说：“我想把这个产品做出来，但是我没有技术，想请您帮忙。当然，我现在没有钱，因此没法给您报酬。您只能等我把东西卖出去才能拿到报酬，如果卖不出去，就一分钱也拿不到。我这人不喜欢谈钱，您要多少报酬，自己写在纸上。等我们赚到钱了，您写的是多少钱，我就付您多少钱的报酬。您看怎么样？”

就这样，孙正义一分钱没花，招了六个教授给他打工，开发电子翻译机。在大家的共同努力之下，世界上第一台发音电子翻译机于 1978 年 9 月 23 日问世，这个产品后来经过进一步完善，成为我们所熟知的发音电子词典。

在产品做出来之前，孙正义就已经到处推销自己的产品。他给日本 50 家电子产品厂商写信，说我们发明了这样一种产品，如何如何好，你们是否感兴趣。信发出去后，其中 40 封石沉大海，但有 10 家厂商回信说感兴趣。

等到产品一出来，孙正义立马飞回日本去拜访这 10 家回信感兴趣的厂商。结果前面 9 家都拒绝了他。第 10 家是夏普，对方态度很好，没有直接拒绝，但也没有答应，基本上算是婉拒了。

见此情景，孙正义急坏了。心有不甘的他打了无数个电话，见了无数个人，终于找到了当时夏普技术部门的负责人、夏普中央研究所所长、后来被称为“日本电子工业之父”的佐佐木正。佐佐木正同意见见孙正义。

会面进行得相当顺利。佐佐木正当即开出一张 4000 万日元的支票，买下了电子翻译机的专利，并与孙正义签署了开发其他语言的翻译软件的合同。

孙正义从这笔交易当中赚到了他人生的第一个 100 万美元。当时，他刚满 21 岁。

拿到钱的孙正义兑现了当初给教授们的诺言，支付了报酬，然后用余下的钱成立了一家叫 Unisun World 的公司，主营游戏机业务。当时，日本市场上出了一款名为《太空入侵者》的街机游戏，风靡全国。孙正义认为《太空入侵者》在美国肯定也能火，如果把它推广到美国，应该能赚不少钱。

说干就干，孙正义跑去找这款街机的生产厂家，说：“5 万日元一台，卖不卖？”

厂家二话不说，直接把孙正义撵了出去。5 万日元一台的报价实在是太过分了，要知道这款游戏机当时的售价是 100 万日元一台。

孙正义并不气馁，他判断日本市场已经饱和，这些游戏机很快就会供过于求，他决定等一等。

过了三个月，孙正义又跑去找厂家，说：“5 万日元一台，我买 10 台，卖不卖？”

销售已走下坡路的厂家苦笑着同意了。

孙正义将买到的游戏机直接空运到伯克利。然后就去找当地的饭店、酒吧、咖啡馆老板，说："我有一台最新的游戏机，想放在您那里，您除了提供场地，不用做什么。赚到的钱我们五五平分。您看行吗？"

这些老板见有这么好的事情，没有一个不答应的。10 台机器很快就分出去了。

玩游戏的人排起了长队，钱源源不断地流进孙正义的腰包。于是他又买了更多的机子，引进了更多的游戏。半年过去，孙正义又赚到 100 万美元。

\ 5 / 无中生有做生意

1980 年，大学毕业的孙正义回到日本，开始思考接下来自己要干什么。他仔仔细细考虑了几十个业务方向，并对每一个业务方向做了详细的商业和财务预测。这样前前后后思考了一年半，反复比较，最后决定进军计算机软件销售业。

1981 年 9 月，他注册了一家新公司，取名“日本软件银行”（Nihon SoftBank），后来公司名字去掉前缀，更名为 Softbank，这就是后来著名的软银公司。

公司开业时，孙正义站在一个木箱子上兴奋地向仅有的两个员工发表讲话：“虽然我们是新成立的小公司，但 5 年后我们的生意要做到 100 亿日元（差不多 6 亿元人民币），10 年后做到 500 亿日元（差不多 30 亿元人民币）。”

两位员工听完孙正义的讲话，二话不说，辞职了，因为他们觉得这个老板是个疯子。

孙正义却不以为然，他坚信自己的目标一定能实现。

不久，日本一年一度的家电电子展览会在大阪开幕。孙正义认为机会来了。但他手上既没软件也没客户，经费也不多，只有1000万日元（差不多60万元人民币），怎么办？

孙正义想出了办法。他拿出800万日元（差不多48万元人民币），租下了展览会面积最大、位置最好的一个展台，然后邀请各大软件商免费到他的展台摆摊。

软件商见孙正义的展台位置这么好，还不要钱，不用白不用，便纷纷在软银的展台设了摊位。很快，软银的展台成了展览会最火爆的地方，所有人都知道了软银的名字。

不久，一家名为“上新电机”的公司找上门来，询问软银能不能为他们公司提供软件。孙正义马上说没问题，全日本所有的软件他都有，并能以最优惠的价格提供给上新电机。

和上新电机谈妥后，孙正义立马去找日本最大的软件公司哈德森，洽谈购买对方的软件。

因为孙正义曾邀请哈德森去自己的展台摆摊，虽然哈德森没有去，但哈德森的老板却记住了孙正义。见孙正义找上门来，老板很客气，派自己的弟弟工藤浩接待他。

两人刚聊几句，孙正义就说：“工藤先生，您知道吗？您是在跟一个天才合作！”

工藤浩愣住了。日本人崇尚儒家文化，大家一般比较谦虚，工藤浩完全没料到孙正义会这么说，于是追问了一句：“对不起，您说啥？”

孙正义重复道：“您是在跟一个天才合作。我会把软银做成全日本第一的软件销售公司。”然后，他声情并茂地把自己过去的经历和未来的规划讲了一遍。

工藤浩被孙正义说动了，同意了孙正义关于独家代理的提议。就这样，什么都没有的软银公司成了日本知名的软件销售商。

到了 1983 年，孙正义的软银公司销售额已突破 45 亿日元（约为 2.7 亿元人民币）。

1994 年，软银公司上市，市值超过 30 亿美元，孙正义个人身家超过 10 亿美元。此后孙正义开始进军美国和中国市场。这才有了我们在故事开头看到的一幕。

你知道吗

言出必行带来成功。

——孙正义

\ 6 / 做好准备，成为未来的创业企业家

亲爱的同学们，结合本章孙正义的故事，我们一起来回顾一下整本书，然后谈谈我们对你接下来可以怎么做的建议。

在书的第 1 章里，我们讲为什么要创办企业。我们讲了硅谷钢铁侠埃隆·马斯克的三个梦想；我们讲了卡内基的“财富越多、责任越大”的理念；我们讲了张謇“实业救国”的创举。这些企业家都有做出一番事业的雄心。孙正义曾说，Life’s too short to think small（人生太短，不能只想小事）。所以，我们的第一个建议：**树立做一番事业、改变世界的雄心。**

在书的第 2 章里，我们讲什么是公司。我们讲公司“纠众智以为智，众能以为能，众财以为财”。我们介绍了公司有三大特征。第一大特征：公司享有独立的法人地位；第二大特征：公司的投资人承担有限责任；第三大特征：公司的权益可以自由转让。前面讲的这几个故事，孙正义在日本，雅虎在美国，阿里巴巴在中国，但孙正义可以投资雅虎，可以投资阿里巴巴，靠的就是公司的三大特征。拥有资金的孙正义对需要资金的杨致远和马云进行资助，帮助他们实现创业目标，并一同承担创业

阶段失败的风险。这样的投资叫风险投资。从这个意义上来讲，孙正义投资杨致远和马云也是创业，只是他不直接参与雅虎和阿里巴巴的日常管理而已。

所以，我们的第二个建议：**多了解有关公司运作的知识。**

在书的第 3 章里，我们介绍了现代会计制度。在前面的故事里，我们提到刚回到日本的孙正义花一年半的时间仔细比较了几十个业务方向，并对每个方向做了商业和财务预测。做商业和财务预测，就会用到大量的会计和财务知识。没有这些知识，脑子就会是糊涂的，就会搞不清楚状况。

所以，我们的第三个建议：**学会记账**，就从你日常的零花钱开始。特别是要理解复式记账法，那是读懂公司三张表，一眼看透公司业绩到底好不好的利器和宝剑。

在书的第 4 章，我们讲了领导力。纵览全书，我们可以看到很多领导力的例子。马云决定从北京回杭州创业，所有的小伙伴愿意跟他回杭州，为什么？因为马云的领导力。张謇靠一人之力把南通建设成为中国第一个近代化城市，靠什么？靠领导力。孙正义能够以学生的身份说服六个世界一流大学的教授给他干活，凭什么？凭领导力。如果要在所有的企业家素质和精神中挑选最重要的一条，那么毫无疑问是领导力。俗话说的“兵熊熊一个，将熊熊一窝”，说的也是这个道理。没有一个企业家可以一个人创业成功，成功的企业家都是优秀的领导者，可以吸引一帮人跟他一起干。领导力的核心是沟通力、影响力和协调力，和人的思想、情感和信心有关，是一项典型的软技能。

所以，我们的第四个建议：**培养领导力。**

在书的第 5 章，我们讲了创业要不怕失败。我们讲面对未知，需要坚毅和勇气。前面的故事里，孙正义为了见藤田田，打了 80 多个电话，还直接坐飞机去东京，这是什么？这是坚毅。孙正义在考试中要求改规则，并一级级申诉到加州州长，这是什么？这是坚毅加勇气。前面讲了，孙正义主要从事的是风险投资。因为创业的失败风险很高，所以风险投资的失败风险也很高。哪怕是孙正义这样的“投资教父”也不可能总是成功。2020 年一季度，因为投资的 Wework 和 Uber 表现欠佳，孙正义掌控的软银公司亏损 1.4 万多亿日元（约合 829 亿元人民币），创下日本企业有史以来最大单季亏损，孙正义也因此受到了质疑。我们希望，读过这本书的你不要成为质疑者中的一员，原因很简单，如果孙正义追求的是不失败，那么在雅虎上市的那一天他就可以做到。他只要把股份一卖，直接退休就行了，因为在那一刻，他已经赚到了他几辈子也花不完的钱。但孙正义并没有停下来，他又投资了阿里巴巴，以及后面一系列的创业公司。为什么？因为他做的事情是他的生活方式、他生命的意义。有意思的是，2020 年二季度，软银公司净盈利超过 1.2 万亿日元，创下软银成立以来最好的季度业绩，大家又是一片喝彩之声。同样，我们希望读过这本书的你不要成为这廉价的喝彩者的一员。如果要喝彩，我们希望你为孙正义的不怕失败、永不停歇的勇气喝彩。

所以，我们的第五个建议是：**不怕失败，学会从失败中学习，从失**

败中进步。

在书的第 6 章里，我们讲了几个常见的创业方法论。创业有没有绝对的方法论？其实没有。那为什么我们要介绍这些方法论，因为我们希望传递三个重要的思想：**第一，做一个行动派；第二，学会应对失败的方法；第三，接受并热爱自己的与众不同；第四，学会将心比心，从对方的角度看问题。**

在第 1 章，我们看见，马斯克既是个梦想家也是个行动派；在这一章里，我们看见，孙正义既是个梦想家也是个行动派。其实绝大多数的企业家既是梦想家也是行动派。道理很简单，没有梦想，就没有行动的动力，而没有行动，梦想就永远不可能实现。

所以，在这里送上我们的第六个建议作为全书的结尾：

去梦想，去实现！